Kinder fordern uns heraus
Ratgeber für die Familie bei Klett-Cotta

Jeanne Van den Brouck
Handbuch für Kinder mit schwierigen Eltern

Mit einem Nachwort von
Françoise Dolto

Aus dem Französischen
übersetzt von
Rainer Redies

Klett-Cotta

Die klinischen Fälle in diesem Buch entstammen dem Umkreis meines täglichen Lebens und meiner eigenen Geschichte. Sollte jemand sich darin wiedererkennen und sich schmerzlich berührt fühlen, er möge mir bitte verzeihen. Er darf ganz sicher sein, daß niemand sonst in der Lage sein wird, ihn zu erkennen.

Diese Arbeit ist unserem Lehrmeister gewidmet,
dem Gelehrten Säugling,
und seinem Vater: Sàndor Ferenczi.

Inhalt

Einführung

Dieses kleine Buch ist die Frucht einer langen Kindheitserfahrung. Ich bin auf die Probleme jener armen, oft unverstandenen, mißhandelten und verlassenen Wesen aufmerksam geworden, die man Eltern nennt; und ich bin mir der ganzen Verzweiflung bewußt geworden, die Eltern heimsucht, wenn sie unverständigen, brutalen oder einfach ungeschickten Kindern schutzlos ausgesetzt sind.

Lange Zeit hat sich alle Aufmerksamkeit und Sorge auf das Kind, seine Probleme, Bedürfnisse und Leistungen, auf seine Entwicklung und Pathologie konzentriert. Jetzt endlich haben wir bemerkt, daß Elternsein keineswegs weniger schwierig ist als Kindsein.

Wenn wir uns von den überkommenen Mythen des Familienvaters und der überaus hingebungsvollen oder tüchtigen Mutter einmal freimachen, dann erscheinen uns Eltern als zerbrechliche und empfindliche Wesen, die durch den Zufall einer Geburt rücksichtslos in einen Strudel von Gefühlen hineingerissen werden, auf den sie praktisch durch nichts vorbereitet sind – sieht man einmal von vorausgegangenen Träumereien ab und von dem gewissen Durcheinander, welches das erwartete Kind im Bauch seiner Mutter anrichtet, um seiner Persönlichkeit Ausdruck zu verleihen. Kurz gesagt: Die Geburt ist immer eine Frühgeburt.

In der Tat muß man sich darüber Rechenschaft ablegen, daß so ein junger, wohlmeinender und unerfahrener Erwachsener innerhalb von Stunden oder Augenblicken Vater oder Mutter werden kann. Genau das ist es, was man das Geburtstrauma nennt. Die werdende Mutter ist in dieser Beziehung immer noch ein bißchen besser dran. Sie erlebt etwas in ihrem Körper, und dieses physische Erlebnis dient ihr als Brücke zu dem seelischen Abenteuer. Der zukünftige Vater dagegen hat nichts, an das er sich halten kann. In der U-Bahn, während einer Aufsichtsratssitzung, in der Badewanne oder bestenfalls im Entbindungskrankenhaus wird er von einem Augenblick zum anderen Vater, ohne daß irgend etwas in ihm diesen neuen Zustand anzeigen würde.

Sofort nach der Geburt ist die ungleiche Lage offenkundig. Das Neugeborene hat überhaupt keine Verantwortung. Es wird sogleich in die Obhut unzähliger Spezialisten genommen, deren Aufgabe es ist, seine Bedürfnisse und Wünsche aufzuspüren und zu befriedigen. Die neugeborenen Eltern hingegen trifft die volle Last der Verantwortung. Sie werden schlagartig unter einer Lawine von Gefühlen, Ängsten und Ratlosigkeit begraben, ganz zu schweigen von den praktischen und materiellen Problemen, die auch nicht gerade klein sind.

Wer also Wert darauf legt, seinen Eltern ein einigermaßen gutes Kind zu sein, wer sie anständig behandeln und korrekt erziehen will, der muß sich diese Umstände immer vor Augen halten. Es bedarf unerschöpflicher Geduld und Nachsicht, großen Fingerspitzengefühls und auch der Achtung, die man den Schwachen schuldet; denn alles hängt davon ab, wie man seine Eltern in den ersten Wochen behandelt... Wer sie sogleich durch Geschrei terrorisiert, ihre Kochkünste herabwürdigt und ihre Irrtümer in der Ernährung mit Durchfällen oder Hautausschlägen beantwortet, der läuft Gefahr, sie auf Jahre hinaus zutiefst zu verunsichern. Ein gewitztes Kind wird von Anfang an auf die Probleme achten, die das Innenleben seiner Eltern aufwühlen; es wird ein gewisses psychologisches Einfühlungsvermögen an den Tag legen und die unterschiedlichen Bedürfnisse eines Vaters und einer Mutter erkennen. Ein solches Kind wird die Fortschritte würdigen, die seinen Eltern gelingen, es wird den Rhythmus dieser Fortschritte voraussehen und eine Sprache finden, die seine Eltern verstehen können.

In diesem Buch geht es darum, den Kindern, die diese Probleme erkannt haben, Informationen und Anhaltspunkte zu geben, die ihnen bei der mühsamen und langwierigen Erziehungsarbeit, die sie erwartet, vielleicht helfen können. Vergessen wir nicht, daß die Erziehung eines Kindes 15 bis 18 Jahre beansprucht, die Erziehung von Eltern aber ein halbes Jahrhundert oder mehr.

Ein paar allgemeine Vorbemerkungen

Die Tendenz unserer Gesellschaft, die Rolle der Eltern bei der Empfängnis überzubewerten, hat mich befremdet. Es ist gewiß sehr wichtig, ob ein Kind erwünscht ist oder nicht; aber man darf deswegen doch die Tatsache nicht aus dem Blick verlieren, daß Eltern im Grunde genommen nur Vehikel sind. Ihre Rolle wird anderswo in der belebten Natur vom Wind, vom Wasser, von Schmetterlingen oder Insekten übernommen. Wesentlich ist, daß sich ein ausreichend unternehmungslustiger Samenfaden findet und eine Eizelle, die genügend entwickelt und empfänglich ist, um die Vereinigung zu akzeptieren und das gemeinsame Abenteuer zu wagen. Wir wissen, daß die überwältigende Mehrheit der Keimzellen sich dem absolut verweigert und nur eine winzige Minderheit den Aufbruch wagt. Auch ist es nicht selten, daß ein bereits zustande gekommener Fetus den Mut und die Nerven verliert, bevor er zur Reife gelangt ist. Andere springen im letzten Augenblick vom Zug und ziehen eine Totgeburt ihrer endgültigen Beteiligung am Wettrennen vor. Unermeßlich sind die Schäden, welche die Überbewertung seiner seelischen Verfassung im Geist eines unerfahrenen und naiven Erwachsenen anrichten kann.

Will das Kind seine Rolle als Erzieher richtig ausfüllen, dann muß es sich – je früher desto besser – über die folgende Tatsache Rechenschaft ablegen: Während seines ganzen fetalen Lebens durchleiden seine Eltern eine Zeit heftigster Gemütsbewegungen, in die ihre Wünsche verwickelt sind sowie verschiedene Personen, die ihnen auf die eine oder andere Weise wichtig sind, keinesfalls aber das Kind, denn dieses kennen sie noch nicht. Aber die Vorstellung, die sie sich von ihrem zukünftigen Kind machen, und der Platz, den sie ihm bereiten, hängen davon ab. Das Neugeborene wird viel Klugheit und Takt beweisen müssen, wenn es den Versuch unternimmt, in diese so bedeutsamen intimen Träumereien einzugreifen, um sie ganz allmählich zu verändern.

Die Erziehungsarbeit der ersten Monate ist das Wesentliche; aber auch das, was sich später abspielt, ist wichtig, und es kann sich, wie wir gesehen haben, über mehrere Jahrzehnte hinziehen.

Mit Hilfe seines Empfindungsvermögens und seiner Selbstkenntnis wird das Kind seine Eltern nach und nach dahin bringen, daß sie zunächst seine Existenz anerkennen, dann seine Persönlichkeit und schließlich seine körperliche, geistige und seelische Autonomie. Manche Kinder gehen weniger geschickt vor, nämlich indem sie versuchen, ihre Kraft zu beweisen und einen Bruch herbeizuführen. Ihr Charakter und die Umstände lassen ihnen zweifellos keine andere Wahl; aber ein solches Vorgehen hat für beide Seiten großes Leid zur Folge. Ich wünsche mir, daß dieses Buch dazu beitragen möge, solche Situationen soweit wie möglich zu vermeiden.

Aber selbst im günstigsten Fall verläuft die Entwicklung von Müttern und Vätern nicht ohne Schmerzen und Brüche. Jedem Schritt nach vorne entspricht eine ganze Leidensgeschichte, und ein verantwortungsbewußtes Kind sollte bemüht sein, sich das immer vor Augen zu halten. Das ist die allererste Voraussetzung jeglicher Art Vorbeugung.

Es ist nicht einfach, eine gültige Einteilung für die unterschiedlichen Arten schwieriger Eltern vorzuschlagen.

Man könnte sich eine chronologische Einteilung vorstellen. Es liegt auf der Hand, daß die Schwierigkeiten, die einem Feten oder einem Neugeborenen begegnen, ganz anderer Art sind als die Probleme, die ein Kind mit fünf, zehn, 25 oder 50 Jahren zu lösen hat. Auch werden die

Mittel, deren man sich bedient, um mit diesen Schwierigkeiten fertigzuwerden, je nach dem Alter des Kindes und freilich auch nach dem Alter von Mutter oder Vater wieder andere sein.

Eine Einteilung nach den Krankheitsursachen erscheint mir undurchführbar. Ein Krankheitsbild kann sehr unterschiedliche Ursachen haben, und einem Kind ist es oft unmöglich, die Entwicklung der Situation, die es bei seiner Geburt vorfindet, nachzuvollziehen. Im allgemeinen vertrauen die Eltern sich kaum an, und soweit sie es dennoch tun, geschieht es in einer Sprache, die für einen Säugling oder ein kleines Kind unverständlich ist. Abgesehen davon sind sie sich selbst nicht immer bewußt, was mit ihnen passiert ist. Wie dem auch sei: Das elterliche Gedächtnis hat die Ereignisse so gründlich umgeformt, daß die Erzählungen von Vater oder Mutter mehr über die Gegenwart als über die Vergangenheit aussagen. Kurzum, es bietet sich dem Kind nur eine einzige Möglichkeit: Es muß sich in die Lage finden, wie sie sich zum Zeitpunkt seiner Ankunft darstellt, und es muß, von den verfügbaren Elementen ausgehend, versuchen, den Fall seiner Eltern neu aufzurollen. Die Arbeit der Rückkehr zu den Ursprüngen müssen Vater und Mutter selbst vollenden. Ihnen das Vertrauen zu bezeigen, daß sie dazu fähig sind, scheint mir allerdings bereits eine pädagogische Leistung zu sein.

Die aussagekräftigste – wenngleich ein bißchen oberflächliche – Einteilung ist vielleicht die nach Symptomen; und doch will ich mir diese zu eigen machen. Ich gebe Euch eine Reihe von Symptombildern zu bedenken, und ich werde diejenigen weiter entfalten, die ich anhand klinischer Beispiele zu veranschaulichen in der Lage bin. Ich nenne also gleich ein paar dieser Symptombilder, um Euch eine Vorstellung von der außerordentlichen Vielfalt unseres Studienfeldes zu vermitteln:

- die unreifen Eltern
- die verlogenen Eltern
- die gehemmten Eltern
- die reichen (oder armen) Eltern
- die überbegabten Eltern
- die abwesenden Eltern
- die überforderten Eltern
- die eifersüchtigen Eltern
- die vorbestraften Eltern
- die streitsüchtigen Eltern
- die sadistischen Eltern
- die vom Leben enttäuschten Eltern
- die gepeinigten Eltern
- die narzißtischen Eltern
- die unangepaßten Eltern
- die schwachen Eltern
- die überängstlichen Eltern
- die alten Eltern
- die adoptieren Eltern
- usw.

Die unfreiwilligen Eltern

Von allen Problemen, die sich dem Feten stellen, ist dies eines der verwickeltsten und häufigsten.

Zunächst ist dieses Nicht-Wollen fast immer, wenn nicht immer, höchst ambivalent und sehr schwierig einzuschätzen. Sehr oft ist es so, daß einer von beiden Eltern diesen Wunsch hat, der andere jenen. Dazu kommt, was die Lage noch kompliziert, die ungeheure Vielfalt ihrer gegenseitigen Gefühle und der seelischen wie der praktischen Folgen, die sich daraus ergeben. Auch die Ebene des Nicht-Wollens ist bei jedem einzelnen recht komplex. Um davon wenigstens eine schwache Vorstellung zu vermitteln, nenne ich einige der vielen Faktoren, die dabei ins Spiel kommen: die Beziehungen eines jeden zum eigenen Vater, zur eigenen Mutter und den Verwandten – und dazu gehört auch das Bild, das jeder sich von seinen Angehörigen macht –, Familientraditionen, religiöse und politisch-soziale Verbote oder die von diesen Instanzen ausgeübten Zwänge, die wirtschaftliche Lage, die Vorstellung vom eigenen Körper und die verschiedenen Ängste, die sich daran knüpfen; und natürlich der innere Widerhall auf all diese Faktoren und auf vieles andere mehr, worauf ich hier nicht eingehen kann. Die Ängste, die Schuldgefühle, die Rachsucht der Eltern, ihre Bindungen und ihre Treue – all dies geht in das Bild ein, das der Fetus schließlich als ein Nicht-Wollen wahrnimmt.

Wie verwirrt und unsicher die Lage auch sein mag, der Fetus muß auf jeden Fall einen Entschluß fassen. Es kommt vor, daß ihm sein Vorhaben hoffnungslos erscheint: Die Eltern sind unerziehbar, die Situation ist verfahren, oder er fühlt sich selbst nicht stark genug, sich auf eine Aufgabe zu werfen, die mehr Schwierigkeiten als Wohlbehagen verspricht. Dann ist es das Beste, wenn er möglichst schnell aufgibt und den Ort des Geschehens verläßt.

Ein im vierten Monat fehlgeborener Fetus berichtet uns folgende Geschichte: Eine Frau jenseits der 30 veranschaulicht ihr Nicht-Wollen im Hinblick auf den Feten, der sie bewohnt, mit langen Fahrten auf dem Fahrrad oder dadurch, daß sie schwer beladene Körbe zum Markt schleppt. Allmählich legt der Fetus sich darüber Rechenschaft ab, daß der Platz des zukünftigen Kindes ganz und gar vom Ehemann dieser Dame in Anspruch genommen wird, der daran festhält, das einzige Kind in diesem Haushalt zu sein, und zwar ungeachtet des schüchternen Versuchs, sich selbst zu übertreffen und Vater zu werden. Nach vier Monaten des Zögerns beschließt der Fetus schließlich, weder dieses 38jährige Kind, das offenkundig in seine eigenen Probleme verstrickt ist, noch diese Frau, die von der Aussicht auf ein zweites Kind im Haus überfordert erscheint, zu brüskieren. Also zieht er sich zurück.

Andere Feten fühlen sich genügend stark und unabhängig, um selbst in einer Atmosphäre heftigen Unerwünschtseins nicht loszulassen. Sie gehen das Risiko ein und vertrauen, einmal zur Welt gekommen, ihrem Erziehertalent oder ihrer Fähigkeit, recht und schlecht zu überleben, solange bis sie in der Lage sind, von ihren unbrauchbaren Eltern Abstand zu nehmen.

Gelegentlich lohnt ihr Optimismus. Man hat mir eine bemerkenswert dramatische Geschichte berichtet, die sich unlängst in einem Vorort von Bordeaux zugetragen hat. Es gab da ein Paar, und der Ehemann wies allein schon den Gedanken an ein Kind mit äußerster Vehemenz von sich – da bemerkte die Frau, daß sie schwanger war ... Während der neun Monate ihrer Schwangerschaft verleugnete sie, was offen zutage lag, und erklärte ihren Zustand mit verschiedenen Störungen im Verdauungsapparat.

Was den Mann betrifft, so war er »ahnungslos«. Der Widerspruch zwischen dem eigensinnigen Leugnen der Eltern einerseits und der hinsichtlich Schutz und Ernährung befriedigenden Umgebung, die ihm geboten wurde, andererseits beeindruckte den Feten sehr. Eine generelle Ablehnung hätte ihn weniger überrascht. Daher beschloß er endlich, das Abenteuer zu wagen. Er ließ sich Zeit und benutzte die klassischerweise vorgesehenen neun Monate einer Schwangerschaft bis zur letzten Stunde, um Kräfte zu sammeln. Dann kam die Nacht, die er sich ausgesucht hatte, die Bühne des Lebens zu betreten. Sobald er mit den einleitenden Manövern begonnen hatte, erhob sich die Frau stillschweigend und ohne ihren Mann zu wecken. Sie flüchtete sich in die Küche und entband auf einem Stück altem Zeug. Dann durchschnitt sie die Nabelschnur, band sie sorgfältig ab und warf schließlich das Kind in den Müllschlucker auf der zweiten Etage. Nachdem alle Spuren dessen, was sich zugetragen hatte, verwischt waren, ging sie zurück zu ihrem Mann und legte sich ruhig wieder ins Bett. Was das Kind betraf, so landete es gesund und munter auf einem Polster von Kartoffelschalen. Nachdem es sich ein wenig ausgeruht hatte, fing es an zu schreien. Die Warterei war langweilig und ungemütlich. Es regnete Kaffeesatz und Gemüsereste. Fast fünf Stunden mußte es sich gedulden, ehe der Hausmeister des Wohnblocks etwas hörte. Trotzdem war der Junge immer noch fest entschlossen zu leben. Der Hausmeister holte ihn schließlich heraus, und die Polizei brachte den Kleinen mit Blaulicht ins Krankenhaus. Dank der glänzenden Konstitution, die er sich zugelegt hatte, überwand er eine schwere Lungenentzündung und harrte nun der kommenden Ereignisse. Ein paar Tage später erschienen seine Eltern auf der Bildfläche. Die Polizei hatte sie mit Leichtigkeit ausfindig gemacht, und jetzt kamen sie an, um Anspruch auf ihn zu erheben, als wäre nichts geschehen. Die Mutter fragte den Vater schüchtern: »Gefällt er dir?« Er antwortete: »Ja, er gefällt mit sehr, und ich möchte ihn unbedingt haben.« Die Krankenschwestern versuchten der Mutter Mut zu machen: »Sie können ihn in den Arm nehmen!« Aber die stand regungslos da und blickte den Vater an: »Nein, nimm du ihn zuerst, dann bin ich morgen auch dazu imstande.«

Natürlich hat ein ganzer Schwarm von Ärzten, Psychiatern, Psychologen, Fürsorgern, Polizisten und Richtern die Szene bevölkert, nachdem sie die Geschichte mit dem Müllschlucker erfahren hatten, und die eigentliche Erziehung konnte erst beginnen, nachdem die Eltern schließlich dem Kind zurückgegeben worden waren. Wie dem auch sei, der Kleine war der Meinung, das Spiel könne gewagt werden. Nachdem er seine Eltern dahin gebracht hatte, ihr Leugnen und ihre Ablehnung zu überwinden, erschien ihm jede Hoffnung gerechtfertigt.

Es gibt Eltern, die scheinen ganz und gar unerziehbar zu sein. Das will nicht unbedingt heißen, daß sie »schlecht« sind. Sie vermitteln dem Kind lediglich den Eindruck, sie seien nun einmal so, wie sie sind, ohne daß irgend etwas sie jemals ändern könnte.

In gewissen Fällen besteht diese Sturheit nur scheinbar. Wenn das Kind seinen Erzeuger auch nicht verändern kann, so vermag es ihn doch wenigstens zu beruhigen, indem es ihm zeigt, daß es besser ist, an diese Sturheit selber nicht zu glauben, und das ist schon ein neues Element, das nicht ganz ohne Wirkung auf die Situation bleiben kann. Aber natürlich handelt es sich hier um eine äußerst schwierige und langwierige Arbeit, denn man hat es im allgemeinen mit alten Traumata zu tun, oft mit einem Familientrauma, das Vater oder Mutter selbst von ihren Vorfahren ererbt haben und nicht auflösen konnten.

Um die Situation zu veranschaulichen, unterbreite ich

Euch hier die Geschichte eines kleinen Jungen, dessen Eltern hart mit dem Tod konfrontiert worden waren. Die Mutter war das jüngste Kind einer Familie, in der mehrere Kinder (Jungen) sehr jung gestorben waren. Die entscheidenden Jahre ihrer Jugend hatte sie damit zugebracht, ihren todkranken Vater zu pflegen. Dieser selbst war sehr früh Waise geworden. Er war das erste Mal mit einer jungen, schwerkranken Frau verheiratet gewesen, die kurze Zeit, nachdem sie einem kleinen Knaben das Leben geschenkt hatte, gestorben war. Wer wollte sich wundern, wenn der Vater im Hinblick auf seine Frau ein gewisses Schuldgefühl empfunden hätte, die zu den Heimsuchungen ihrer Krankheit auch noch die Mühen einer Schwangerschaft hatte ertragen müssen. Zweifellos auch ein Schuldgefühl gegenüber seinem Kind, das mit 18 Monaten die Mutter verlor. Als Witwer heiratete dieser Vater wiederum eine junge Frau, die ebenfalls von zarter Gesundheit war. Das erste Kind aus dieser Verbindung war ein Mädchen. Es machte sich im sechsten Monat der Schwangerschaft heimlich davon, weil es die Lage für ganz und gar ausweglos hielt. Ich glaube übrigens, daß es die Sache durch sein Aussteigen nur noch verworrener gemacht hat. Zwei Jahre später kündigte sich ein zweites Kind an, ein Junge, und er war mutiger als sein Schwesterchen. Er nahm die Herausforderung an und kam zur Welt. Der Empfang war rauh: Von einer ziemlich unfähigen Mutter zur Welt gebracht, mußte er alle Kräfte zusammennehmen. Eine unerfahrene Krankenschwester, schwachsinnig oder von unkontrollierten mörderischen Antrieben bewegt, legte ihn gleich in den ersten Stunden seines Lebens an die Brust seiner Mutter, die kaum aus einer Chloroformnarkose erwacht war. Eine Vergiftung und Krämpfe waren die unmittelbare Folge, was seinem mutigen Versuch um ein Haar ein vorzeitiges Ende bereitet hätte. Das Kind war aber dickköpfig und zäh, die Schwierigkeiten entmutigten es nicht, sondern spornten es im

Gegenteil geradezu an: es überlebte. Elf Jahre lang war der Junge klein, kränklich und zerbrechlich, und er trug ostentativ zur Schau, daß er jeden Augenblick zu sterben bereit sei, falls es sich als notwendig erweisen sollte. Diese Maßnahme diente aber nur der Selbsterhaltung: die Verhältnisse entwickelten sich kaum, und seine Eltern lebten fast andauernd in Angst. Von Zeit zu Zeit wurde die Familie zusammengerufen, um dem Kind in seiner letzten Stunde beizustehen, aber im letzten Augenblick wurde es immer wieder anderen Sinnes, überzeugt davon, daß es letztlich das Mittel finden würde, mit dem der Panzer aus Angst und Schuldgefühlen zu überwinden wäre, der sie alle umgab. Nachdem er recht und schlecht das elfte Lebensjahr erreicht hatte, beschloß der Knabe endlich, gemeinsam mit dem Hausarzt der Familie die Ausarbeitung eines Therapieplanes selbst in die Hand zu nehmen. Die Eltern waren viel zu verängstigt, um einen solchen Plan zu akzeptieren oder abzulehnen; er gab dem Arzt deshalb ohne deren Wissen sein Einverständnis. Dieser hatte – in einer Zeit, in der es noch keine Sulfonamide und Antibiotika gab – vorgeschlagen, einen Abszeß zu setzen, um die endlosen Infektionen zu beenden, unter denen das Kind seit seiner Geburt zu leiden hatte. Nach sechs Monaten stellte der Junge eines Tages in der Schule plötzlich fest, daß sein eines Bein gelähmt war. Der Arzt hatte ihn gewarnt, und folglich wußte er sogleich, daß sich der Abszeß gebildet hatte. Er ließ sich nach Hause bringen und beruhigte seine bestürzten Eltern, indem er ihnen erklärte, was sich zugetragen hatte. Der Abszeß wurde aufgeschnitten und damit zugleich der Sack voller Angst, Schuldgefühle und Ambivalenz, der das Familienleben vergiftet hatte. Der Junge konnte gesunden und wurde zu einem kräftigen jungen Mann voller Lebensmut und Selbstvertrauen. Sein Verhalten hat dem Innenleben seiner Eltern ein neues Element von allergrößter Bedeutung hinzugefügt. Er hat ihnen gezeigt, daß sie keineswegs Mörder waren, wie sie selber glaubten, sondern durchaus etwas Gutes und Lebensfähiges hervorbringen konnten. Ich denke, dieser elementare Unterricht hat das Schicksal des ganzen Geschlechts verändert und war es wohl wert, daß der Junge ihm so viele Jahre seines Lebens geopfert hat.

Eltern, die wollen,
daß ihr Kind dies oder jenes tut

Dies ist eine ungemein vielfältige und vielgestaltige Gattung. Ich erinnere an
- Eltern, die wollen, daß ihr Kind alles genauso macht wie sie selber
- Eltern, die keinesfalls wollen, daß ihr Kind das gleiche macht wie sie
- Eltern, die keinesfalls wollen, daß ihr Kind tut, was sie selber gern getan hätten
- Eltern, die nicht wollen, daß ihr Kind das tut, was sie selbst nicht tun konnten
- Eltern, die wollen (oder nicht wollen), daß ihr Kind genau dies und jenes tut
- usw. usw. ...

Der Vielfalt ist kein Ende, und die Motivationen sind nicht weniger zahlreich. Aber es gibt ein ganz besonderes Problem, dem sich das Kind kühn entgegenstellen, das es in jedem Fall lösen muß. Ich meine den imperialistischen Wunsch, von seiner Zukunft Besitz zu ergreifen, gleichgültig ob die Begründungen dafür schäbig oder im Gegenteil liebevoll und zärtlich sind.

Im allgemeinen lösen solche Situationen beim Kind zuerst Gereiztheit und Widerstand aus. Es muß sich ihrer aber unbedingt bewußt werden, andernfalls läuft es Gefahr, die übelsten pädagogischen Fehler zu begehen und seine Eltern noch mehr in ihre Sturheit zu verstricken, anstatt ihnen aus dieser Haltung herauszuhelfen. Seine Gereiztheit kann das Kind überdies dazu bringen, gegen seine eigenen Wünsche zu handeln und auf diese Weise sowohl sich selbst als auch seiner Umgebung großes Leid zu bereiten.

Vor allen Dingen aber soll niemand glauben, daß ich zu

Resignation und Untätigkeit rate. Das wäre weder vernünftig noch pädagogisch; denn es kommt darauf an, die erzieherische Absicht niemals aus dem Blick zu verlieren.

Die Motivationen sind, wie ich eben sagte, sehr unterschiedlich. Nehmen wir den so weit verbreiteten Fall eines Vaters, der ein Unternehmen aufgebaut, eine Werkstatt eröffnet oder vielleicht ein Kaiserreich begründet hat. Er möchte, daß sein Kind dasselbe tut wie er, was in seiner Vorstellung der Teilhabe an den Freuden der Schöpfung entspricht. Dabei vergißt er einfach, daß er diese Schöpfung schon vollbracht hat und dem Kind nichts anderes übrig bleibt als die Geschäfte am Laufen zu halten, in der Werkstatt zu arbeiten oder das Kaiserreich zu regieren, wobei es versuchen muß, das Werk des Vaters nicht allzusehr zugrunde zu richten. Man muß die Väter und Mütter Schritt für Schritt dahin führen, diese offen zutage liegende Tatsache zur Kenntnis zu nehmen, wobei es darauf zu achten gilt, daß weder ihre liebevollen Gefühle noch ihre Eigenliebe als Schöpfer und Gründer verletzt werden. Auch dabei handelt es sich wieder um eine Aufgabe, die viel Taktgefühl und Zeit erfordert. Sie übersteigt außerdem die Kräfte eines Säuglings oder eines kleinen Kindes, von einem Feten ganz zu schweigen, der schon vom Zeitpunkt seiner Empfängnis an für dieses oder jenes Schicksal ausersehen ist. Erst ein verhältnismäßig hochentwickeltes Kind, sagen wir zwischen 15 und 50 Jahren, hat einige Chancen, diese Aufgabe zu einem guten Ende zu bringen. Man muß also warten, um Zeit zu gewinnen. Wir werden weiter unten noch einige bewährte Methoden studieren, mit denen sich Zeit gewinnen läßt.

Glaubt bitte nicht, daß diese Arbeit ganz risikolos wäre. Alle Welt kennt die Geschichte eines gewissen Zarewitsch, der mit seiner Pädagogik scheiterte und seinen Vater dahin brachte, ihn zu ermorden. Man kann unmöglich voraussehen, was alles sich im Kopf dummer Eltern entwickeln kann, die enttäuscht oder verzweifelt sind. Auch muß jedes pädagogische Vorhaben der Widerstandskraft des Vaters bzw. der Mutter Rechnung tragen, denen es gilt.

Sehen wir uns einmal den Fall genauer an, daß Eltern wünschen, ihr Kind solle tun, was ihnen selbst verwehrt blieb. Dem liegt fast immer eine gute Absicht zugrunde. Väter und Mütter wünschen, daß ihr Kind das erleben möge, was ihr eigener Traum gewesen wäre. Das ist ebenso rührend wie naiv; angesichts dieser Situation wird von dem Kind ein Doppeltes verlangt: es soll mit der Empfindlichkeit seiner Eltern schonend umgehen und zugleich seine eigene Zukunft richtig in die Hand nehmen.

Hier erwähne ich den Fall einer Lehrerfamilie klassischen Zuschnitts, die schon seit einigen Generationen vom Virus der Kunstbeflissenheit befallen war. Die einen versuchten sich in Malerei, Photographie und Theater, die andern schrieben Gedichte oder Romane, aber keiner gelangte jemals über das Niveau der Liebhaberei hinaus. Zwei Jungen wurden geboren. Zur allergrößten Freude der Eltern zeigte der ältere von beiden eine bemerkenswerte musikalische Begabung, der jüngere hatte Talent zum Zeichnen. Beide Kinder hatten den ebenso bedrängenden wie unüberlegten Ansturm seitens ihrer Eltern zu erdulden, die sie anstacheln wollten, ihre Talente zu pflegen und zu entwickeln. Durch das Drängen der Eltern in die Enge getrieben, ja geradezu »belagert«, mußten die beiden Kinder sich abkapseln, um sich selbst zu schützen. Der ältere leistete sich eine Querschnittslähmung, die ihn über sechs Monate lang an einen Rollstuhl fesselte. Die Lähmung blieb unerklärt und verschwand schließlich wieder von selbst. Aber dieser Zwischenfall erlaubte es dem Jungen, sich vor jeglicher Art von Musikunterricht und vor dem Üben zu bewahren, und nach seiner Genesung schulte er auf rein geistige Studienfächer um. Seit dieser Zeit war er ein glänzender Schüler und ein musterhafter Sohn. Er machte seinen Eltern keinerlei Sorgen, sondern überließ sie, kurz gesagt, ihrem Schicksal und verzichtete auf jedes pädagogische Vorgehen. Heute ist er ein völlig überlasteter Finanzexperte, der mehr funktioniert als wirklich lebt. Seine Anschrift ist das einzige, worin er noch etwas von seinen ursprünglichen Interessen verrät: Er lebt in der Charles-Gounod-Straße...

Der jüngere der beiden hatte den größeren pädagogischen Ehrgeiz. Er leistete sich einen langdauernden Rückzug von schizoidem Anstrich, der mit Fehlschlägen und Mißerfolgen aller Art – sowohl auf emotionalem Gebiet als auch in der Schule – nur so gespickt war; aber dem Gebiet der graphischen Künste blieb er treu. Vater und Mutter hielt er ständig in Unruhe, und er sorgte dafür, daß sie sich unablässig selbst in Frage stellen mußten. Nach ungefähr 15 Jahren, in denen er dieses anstrengende Verfahren praktiziert hatte, traf er ganz plötzlich eine Entscheidung: er brachte einen Ozean zwischen sich und seine Eltern und machte im Ausland blitzschnell Karriere – selbstverständlich auf dem Gebiet der darstellenden Kunst. Einer seiner Eltern starb bald darauf. Der Kontakt mit dem zurückbleibenden Elternteil war sporadisch und freundschaftlich, aber nicht sehr tief. Aber dieser war in der Lage, diesen Schicksalsschlag auszuhalten, ohne sich von der Begabung seines Sohnes nähren zu müssen.

Mit Eurer Erlaubnis will ich hier kurz abschweifen und einiges zu dem Fachausdruck »Pädagogik« sagen. Von seiner Zusammensetzung her ist er ganz ungeeignet für den Gebrauch, den wir davon machen. Es gibt aber im ganzen Wörterbuch kein geeignetes Wort, um die Wissenschaft von der Erziehung der Eltern genau zu bezeichnen – so fremd ist unserer pädozentrischen Kultur der bloße Gedanke, daß Eltern von einer eigens für sie erdachten Erziehung profitieren könnten. Die Verfasserin dieses Buches ist zwar schon eine Veteranin der Kindheit, aber ihre Griechisch- und Lateinkenntnisse reichen nicht aus, um einen angemessenen Fachausdruck zu finden, der einerseits auf die Eltern paßt, andrerseits genauso wohlklingend ist wie das Wort »Pädagogik«. Vielleicht findet sich unter meinen Lesern ein phantasievoller Graeco-Latinist, der uns den geeigneten Begriff liefert. Ich warte darauf und bediene mich einstweilen wohl oder übel weiterhin des Ausdrucks »Pädagogik«.

Im vorausgegangenen Beispiel habe ich von Abkapselung gesprochen, um das Verfahren zu kennzeichnen, dessen sich die zwei Brüder angesichts der Unternehmungen ihrer Eltern bedienten. Dabei handelt es sich, wie wir gesehen haben, um eine aufwendige Methode, deren Beherrschung demjenigen, der sie anwendet, völlig aus der Hand gleiten kann. Ihr erzieherischer Wert ist außerdem sehr unterschiedlich.

Es gibt eine abgeschwächte Form von Abkapselung, die leichter zu handhaben und möglicherweise auf dem pädagogischen Felde auch wirksamer ist. Es handelt sich um das Verfahren der Maskierung. Sie ermöglicht Zeitgewinn, während man vor den Augen der Eltern eine eindrucksvolle Karikatur der Folgen entwirft, die sie mit ihrer Haltung bewirkt haben.

Die Maske geistiger Schwäche

Dieses Verfahrens kann man sich in jedem Alter bedienen. Ein kleiner Junge zum Beispiel, das erste Kind seiner Eltern, aber spät gekommen und sehnlichst herbeigewünscht, begann erst mit vier Jahren zu sprechen. Beide Eltern waren Universitätsprofessoren und hochbegabt, und er hatte beschlossen, ihnen seine Intelligenz erst zu offenbaren, wenn sie sich an die Freude gewöhnt haben würden, endlich ein Kind zu haben. Heute ist der Knabe Ingenieur für Brücken- und Straßenbau. Einstein selbst hat übrigens auch erst mit drei Jahren gesprochen, und jeder weiß, was daraus geworden ist. Er muß sehr gut gewußt haben, was er tat, als er sich dafür entschied, zu schweigen.

Oder ich denke an einen anderen kleinen Jungen, der angesichts maßloser Ansprüche seiner Mutter seine schulischen Mißerfolge so glänzend inszenierte, daß veritable Kunstwerke daraus wurden. Kein einziges Abschlußzeugnis verunzierte seine Schulakte, so beschränkt war der Kleine. Da gab es keinen Hauptschulabschluß, keinerlei berufliche Qualifikation, und ans Abitur war schon gar nicht zu denken. Die Mama hatte ihn schon auf dem Polytechnikum oder einer Fachhochschule gesehen, gab aber Schritt für Schritt jeden diesbezüglichen Ehrgeiz auf. Trotz allem war der Junge von seiner eigenen Leistung ein wenig beeindruckt. Er ging ohne Wissen seiner Eltern zu einem Psychologen, um dessen Rat zu erfragen und sich einem Intelligenztest zu unterziehen. Er erzielte einen IQ von 146. Dies beruhigte ihn, und er beschloß, sein Elternhaus zu verlassen und künftig für seine Bedürfnisse selbst aufzukommen. Zunächst fand er Arbeit in einer kleinen Druckerei, dann baute er sein eigenes Geschäft auf und hatte damit beachtlichen Erfolg. Die Mutter konnte fortan den Wert ihres Sohnes anerkennen, auch wenn sie ihn an anderen Maßstäben als den gewohnten messen mußte. Der Junge erwiderte ihre Wertschätzung, und die Atmosphäre zwischen ihnen entspannte sich. Das erlaubte es den Eltern, fortan alle Energie für die wesentlich derbere Unterweisung aufzuwenden, die ihr jüngster Sohn ihnen zuteil werden ließ.

Der Punk
Hier kann ich ein historisches Beispiel anbieten. Als der designierte König Heinrich V. von England noch Kronprinz war, da hat er den Punk gespielt. Er wollte seinen Vater dazu

bringen, seine Auffassung über das Königtum im allgemeinen und dessen Erblichkeit im besonderen zu überprüfen. Zwar stimmt es, daß er in dieser Hinsicht bei seinem Vater keine bemerkenswerten Erfolge erzielte, aber es gelang ihm, seine Persönlichkeit zu bewahren, und als der Tag gekommen war, da wurde er von einem Tag auf den anderen ein durchaus annehmbarer König.

Der Todeskandidat

Ein kleiner Junge wurde der intensiven Todeswünsche gewahr, die seine Mutter ihm gegenüber hegte. Um sie dazu zu bringen, daß sie sich dieser Wünsche bewußt wurde, führte er ihr unaufhörlich die Beinahe-Erfüllung ihres latenten Wunsches vor Augen. Um ein Haar wäre er mit acht Monaten einer Vergiftung erlegen. Zwischen drei und sieben Jahren handelte er sich mehrere Brüche ein, und zwar immer unter den akrobatischsten Bedingungen, die er mit voller Absicht selbst geschaffen hatte: Er war sechs Jahre alt, als er sich ein Bein brach, weil er eine fünf Meter hohe Mauer hinaufgeklettert war, um sich auf der anderen Seite in den betonierten Hof fallen zu lassen. Er baute mehrere Fahrradstürze, namentlich indem er eine Treppe hinunterfuhr (Schlüsselbeinbruch). Im Schwimmbad wäre er fast ertrunken, denn er konnte nicht schwimmen, sprang aber vom Vier-Meter-Brett. Die Situation klärte sich schließlich in einem allgemeinen Gewitter: Die völlig aufgelöste Mutter schleifte ihren Knaben zum Psychologen und wurde prompt dessen Geliebte, also verließ sie ihren Mann. Jetzt konnte der Kleine endlich die Beziehungen zu seinem Vater vertiefen, die bis dahin völlig unterdrückt worden waren. Letzten Meldungen zufolge hat er wieder ein normales Leben aufnehmen und damit beginnen können, sich mit sich selbst zu beschäftigen.

Der Buhmann

Diese Technik besteht im wesentlichen darin, die Eltern in Atem zu halten. Pausenlos genötigt, sich unvorhergesehenen, weil tatsächlich unvorhersehbaren Situationen zu stellen, empfinden die Eltern tatsächlich nur noch einen einzigen Wunsch: Sie wollen ihren Frieden, und damit verzichten sie zugleich auf jede imperialistische Absicht bezüglich der Zukunft ihres Kindes. Es bedarf kaum eines Beispiels, denn diese Technik ist so weit verbreitet, daß ich gewiß dem Scharfblick meiner Leser vertrauen darf.

Der Hosenscheißer

Der Ausdruck ist im folgenden Beispiel ziemlich wörtlich zu nehmen – wenn man so sagen darf. Ein kleiner Junge, gesund, intelligent und kräftig, begeht die Unvorsichtigkeit, in einer Familie auf die Welt zu kommen, wo die Mutter unfähig ist und schwachsinnigen Phantastereien nachhängt. Der Vater ist Gewohnheitstrinker und leidet an einer Leberzirrhose im letzten Stadium. Eine ältere Schwester ist epileptisch und stumm. Des Desasters inne geworden, hat das Kind nur noch einen Gedanken im Kopf: schnellstens und ohne großen Aufwand auszuziehen. Der Junge verrichtet seine Notdurft in allen Ecken der Wohnung und führt mit dem so beschafften Stoff die interessantesten Wandgemälde aus. Er gibt seinen Eltern auf diese Weise zu verstehen, in welcher beschissenen Lage sie leben. Diese Aktivität verschafft ihm auch die Möglichkeit, einige Ausflüge ins Krankenhaus seines Wohnviertels zu unternehmen, um sich dort ein wenig auszuruhen und bei dieser Gelegenheit gleich zu zeigen, daß seine Ablehnung sich nur auf sein Elternhaus bezieht. Schritt für Schritt gelingt es dem Kind, eine ausreichende Zahl von Fürsorgerinnen, Ärzten, Sozialarbeitern, Psychologen und anderen Spezialisten auf die Beine zu bringen, die am Ende einsehen, daß es in diesem Fall nur einen einzigen Ausweg gibt: die Einweisung in ein Heim.

Die verlogenen Eltern

Elterliche Lügen sind so häufig und so weit verbreitet, daß man sie kaum als Zeichen eines pathologischen Zustandes betrachten kann. Eltern lügen gewissermaßen instinktiv; oftmals legen sie sich nicht einmal Rechenschaft darüber ab, und im allgemeinen empfinden sie nicht das leiseste Schuldgefühl dabei. Väter und Mütter lügen, wenn es um Bagatellen geht, und ebenso bei den ernstesten Fragen. Ja, ich bin sogar geneigt zu sagen, daß sie quasi systematisch lügen, wenn es um wirklich wichtige Dinge geht. Das reicht von einer einfachen und verspielten Phantasterei bis zu der festen Absicht, das Kind zu täuschen, sei es, um einen Fehler zu verbergen, oder sei es, um sich einer schwer zu ertragenden Wirklichkeit zu entziehen.

Aus allen möglichen und zuweilen ziemlich unbewußten Gründen können Eltern sich gedrängt fühlen, Märchen zu erzählen. Zum Beispiel wollen sie ihr eigenes Ansehen in den Augen ihrer Kinder verbessern, oder sie wollen sich über den Verlust von Illusionen hinwegtrösten, die sie sich über sich selbst gemacht haben, oder sie wollen die wirkliche Welt mit ihrer Phantasie ausschmücken, weil sie nicht reif genug sind, um deren Charme zu schätzen usw. Ich halte diese Lügen nicht für sonderlich schlimm, solange Mutter und Vater selbst nicht wirklich darauf hereinfallen. Im allgemeinen tut man in solchen Fällen besser daran, die Eltern nicht zu verwirren oder ihnen Vorwürfe zu machen. So betrachte ich beispielsweise die Haltung zweier kleiner Mädchen als pädagogischen Fehler: Ihr Papa hatte die Gewohnheit, sie mit Erzählungen über seine eigenen schulischen Erfolge zu verblüffen und anzuspornen. Das ging den beiden mit der Zeit auf die Nerven, und sie stellten Nachforschungen an. Eines Tages gelang es ihnen endlich, die alten Schulhefte des Vaters zu entdecken. Siehe da, sie waren merklich weniger brillant, als seine Erzählungen glauben machten. Die beiden zögerten keinen Augenblick, die wenig schmeichelhaften Bewertungen, die gewisse Professoren in diese Hefte hineingeschrieben hatten, mit einem boshaften Vergnügen ans Tageslicht zu ziehen. Sicherlich hatten sie gewonnenes Spiel, denn ihr beschämter Papa erhob nie wieder den leisesten Anspruch auf Bewunderung wegen seiner schulischen Leistungen. Dennoch erscheint mir die Handlungsweise der beiden jungen Mädchen ungeschickt, und zwar um so mehr, als es sich tatsächlich um einen adoptierten Vater handelte, der die Kinder ebenso bewunderte wie ihre Mutter und der alle Hebel in Bewegung setzen mußte, um seine wackelige Autorität einigermaßen zu befestigen.

Andere Eltern erfinden kleine Märchen von gelegentlich fast poetischem Reiz: über das Christkind und den Weihnachtsmann, von kleinen Mäuschen, die Milchzähne einsammeln, und von anderen imaginären Personen. So etwas ist reizvoll und ohne Arglist, im allgemeinen findet jedermann seinen Spaß daran. Hingegen betrachte ich solche Eltern mit sehr viel weniger Nachsicht, die deshalb lügen, weil sie nicht den Mut haben, sich zu ihrer Meinung zu bekennen. Deshalb halsen sie es dem Weihnachtsmann oder anderen Phantasiefiguren auf, an ihrer Stelle zu belohnen oder zu bestrafen. Darauf bedacht, seinen Eltern eine solide seelische Struktur zu vermitteln, darf ein Kind diese Art von Ausflüchten nicht zulassen.

Gewisse Lügen sind schon regelrechte Fälschungen, die entweder mit der Absicht in die Familiengeschichte eingeführt werden, etwas zu verbergen, was Mutter oder Vater als Schwäche oder Fehler ansehen, oder in der Absicht, eine banale Tatsache auszuschmücken. In manchen Fällen handelt es sich auch um den verzweifelten Versuch, eine frühere Lüge, der ein Elternteil selbst zum Opfer gefallen ist, durch einen erneuten Betrug in Ordnung zu bringen, und solche Eltern nehmen einfältigerweise an, damit die Auswirkungen des früheren Betrugs aufheben zu können. Solche Lügen gründen in der trügerischen Hoffnung, es genüge, die Erzählung der Ereignisse umzuarbeiten, um deren Konsequenzen abzuwenden. Ich glaube, in solchen Fällen muß sich das Kind zwar als liebevoll erweisen, aber auch als standfest. Wie auch immer, es darf, sofern es über die entsprechenden Mittel verfügt, nicht zulassen, daß ein Bruch in den logischen Ablauf der Familiengeschichte eingeführt wird. Kein Kind darf vergessen, daß es einem ganzen Geschlecht verantwortlich ist. Denken wir zum Beispiel an den häufigen Fall eines adoptierten Elternteils, der zu gerne verheimlichen möchte, was er als ererbtes Gebrechen empfindet. Kommt das Kind ihm nicht zu Hilfe, so werden alle Beziehungen eines solchen Menschen dadurch verbogen, und diese Täuschung wird selbst künftigen Generationen noch zu schaffen machen.

Ich sagte es schon: Eltern lügen um so lieber, je wichtiger die angeschnittene Frage ist. Sie schwindeln fast immer, wenn von Geld die Rede ist, oder von Politik und Religion, und wenn es um Sex oder allgemeine anatomische oder physiologische Fragen geht, sagen sie regelmäßig die Unwahrheit. Sagen sie zufällig einmal die Wahrheit, so geschieht das einzig und allein aus taktischen Überlegungen, nicht etwa aus Wahrheitsliebe.

Ist das Kind der Ansicht, sein Eingreifen sei jetzt unerläßlich, um die Atmosphäre in der Familie zu bereinigen, so muß es dennoch mit großem Fingerspitzengefühl vorgehen. Man darf Papa oder Mama niemals mehr offenbaren, als sie zu hören geneigt sind. Auch empfiehlt es sich, will man den Zeitpunkt sowie die Art und Weise eines Eingreifens richtig festlegen, daß man sich von der spontanen Neugier leiten läßt, die Eltern an den Tag legen. Was beispielsweise das aufregende Thema betrifft, wie man Kinder macht: Wenn die Sexualtheorien der Kinder bisweilen unvollständig oder ungenau sind, so sind die der Eltern oftmals von einer niederschmetternden Einfalt. In der Tat kommt es vor, daß ein Kind nicht genügend Bescheid weiß und den Verdauungstrakt mit den Geschlechtsorganen verwechselt. Aber Eltern gehen so weit, sich einzubilden, es gebe Geschäfte, in denen man Kinder kaufen kann. Auch glauben sie an Kohlköpfe und Rosen, die kleine Kinder enthalten, oder sogar an Störche, die sie durch den Kamin bringen. Was die Eltern betrifft, die es wissen und zugeben, daß ein Kind im Mutterleib heranwächst, sie bieten Theorien an, die auf die lebhafteste Phantasie hinweisen, um zu erklären, wie das Kind da hinein und wieder heraus gelangt. Hier berichte ich Euch eine Geschichte, die fast zu schön ist, um wahr zu sein. Aber wie könnte ich in solch einem Buch lügen, noch dazu in diesem Kapitel?! Wie alle anderen Fälle, die ich in dieser Arbeit anführe, ist also auch dieser streng authentisch.

Wegen einer unerheblichen Störung wird ein kleiner Junge von seiner Mutter zum Psychotherapeuten gebracht. Dieser, ein unbefangener und gewissenhafter Anfänger, fragt die Mutter im Laufe seiner Anamnese, ob dem Kind schon irgendeine sexuelle Aufklärung zuteil geworden sei. »Ich habe ihm alles erklärt«, antwortete die Gute mit Entschiedenheit. Der Therapeut war Anfänger, gewiß, aber er war auch schon mißtrauisch und beharrte: »Alles, was heißt das genau?« Die Mutter: »Na ja, ich habe ihm gesagt, daß das Kind in Mamas Herz heranwächst.« Der Therapeut: »Aber wie stellt es die Sache an, um da herauszukommen?« Die Mutter: »Man geht in die Klinik, dort öffnet der Arzt das Herz und zieht das Baby heraus.« Der Therapeut:

»Aber wie gelangt das Baby ins Herz der Mutter hinein?«
Die Mutter: »Das kleine Jesulein hat es dort hineinge-
pflanzt. Übrigens muß ich Ihnen sagen, daß die Kinder die
komischsten Ideen haben. Hat mich der Kleine doch
gefragt: Und Papa, war er nicht traurig deswegen?«

Offensichtlich hat diese Mutter überhaupt nichts begrif-
fen, und sie war unfähig, von der erstaunlichen Hilfe
Gebrauch zu machen, die ihr Sohn ihr leistete, um sie aus
dem Sumpf von Lügen herauszuziehen, in den sie sich
verstrickt hatte. Ich glaube aber, daß dieses Kind recht
hatte, indem es freundlich, taktvoll und sogar mit Humor
handelte. Der Junge hat es angedeutet, ohne es allzusehr zu
betonen, daß er nicht hereingefallen war, und dabei trug er
immer Sorge, die Toleranzschwelle seiner Mutter nicht zu
überschreiten. Auch wenn seine Worte nicht unmittelbar
aufgenommen wurden, mußten sie doch Schritt für Schritt
ans Ziel führen.

Ich habe es schon gesagt: Oft liegen den Lügen der Eltern
die besten Gefühle und ein wirklich guter Wille zugrunde. In
Abhängigkeit von ihren eigenen primitiven Idealen bieten
sie ihren Kindern ein geschöntes Bild von der Welt an. Der
einsame Reifungsprozeß eines Babys im Kohlkopf oder die
gefährliche Luftreise unter der Verantwortung eines Stor-
ches, der in keiner Weise auf diese Aufgabe vorbereitet ist,
erscheinen ihnen in ihrer Märchenwelt als weitaus verlok-
kendere und beruhigendere Bilder im Vergleich zu der
körperlichen und gefühlsmäßigen Begegnung zwischen
Mann und Frau mit ihrer ganzen Leidenschaft, Freude und
Zärtlichkeit und all dem anderen, was sie mit sich bringt.

Eltern kennen die Bedeutung der Wahrheit nicht. So
kommen sie manchmal dazu, einzig und allein deshalb die
Wahrheit zu sagen, weil sie das für taktisch richtig halten.
Ein kleines Mädchen hat versucht, seine Eltern auf den

Gedanken aufmerksam zu machen, daß man der Wahrheit eine ganz ursprüngliche Ehrfurcht schuldet. Es nahm seine Zuflucht zu einem besonders geistreichen Hilfsmittel. Seine Eltern waren beide Psychoanalytiker und verfügten über eine solide wissenschaftliche Ausbildung. Sie hatten beschlossen, ihrer Tochter bei der ersten Gelegenheit alles zu erklären, was Empfängnis, Schwangerschaft und Geburt betrifft. Ungefähr im Alter von fünf Jahren hatte die Kleine ein Anrecht auf eine gescheite und gut gemachte Vorlesung über diese Themen. Davon waren jedenfalls die Eltern überzeugt. Das Mädchen war von dem sachlichen Ton, der ihm an dem Bericht auffiel, ein wenig verwirrt und beschloß, die ganze Sache erst einmal zu vergessen, bis ihm umfassendere Information zuteil würde. Eines Tages kam es aus der Schule und ließ seine Eltern zu sich kommen, um sie gehörig anzuschnauzen: Sie hätten es für richtig gehalten, ihr ein ganzes Durcheinander von kleinen Samenzellen und komischen Körperstellungen zu erzählen, während die Lehrerin ihr den Vorgang soeben in seiner ganzen Banalität erklärt habe. Es genüge, wenn man einen Kohlkopf im Garten zur rechten Zeit öffne...

Um zum Schluß zu kommen, möchte ich an ein bekanntes Sprichwort erinnern: »Kindermund tut Wahrheit kund.« Das weist deutlich auf die große Hoffnung hin, die Eltern in ihr Kind setzen, daß es ihnen helfe, ihrer Welt der Trugbilder, Märchen und Lügen zu entkommen und auf dem festen Grund der Wirklichkeit wieder Fuß zu fassen. Man sollte sie nicht enttäuschen.

Die adoptierten Eltern

Adoptierte Eltern sind immer ein Problem, denn sie haben in einer traumatischen Situation gelebt oder befinden sich noch darin.

Manche Eltern werden unbewohnbar, oder ihre Möglichkeiten der Empfängnis sind in hohem Maße gefährdet. Ein Unfall oder eine Krankheit können ebensogut die Ursache sein wie ein Nicht-Wollen, das dermaßen maskiert ist, daß sie selber außerstande sind, es zu identifizieren. Diese Unbewohnbarkeit verursacht ihnen oft ein sehr schmerzhaftes Gefühl von Minderwertigkeit und Verlassenheit. Manche von ihnen reagieren darauf mit dem Versuch, sich adoptieren zu lassen.

Ein Kind, das sich anschickt, einen Vater oder eine Mutter zu adoptieren, muß sich gut vor Augen halten, daß es die Verantwortung für ein Wesen übernimmt, das wegen seiner Untauglichkeit zum Elternsein ängstlich und verunsichert ist. Solche Eltern haben – manchmal ganz zu Unrecht – den Verdacht, ihre eigenen Keimzellen seien zu schwach oder untauglich oder gänzlich unbrauchbar, und sie bedürfen in der Tat mehr einer Behandlung als einer Erziehung. Man muß sie von ihrer Angst und ihren Schuldgefühlen heilen, von ihrer Selbstverachtung und Verlassenheit.

Hier der Fall einer erfolgreichen Behandlung: Zwei junge Anwärter auf die Elternschaft hatten beide gute Gründe, an sich selber zu zweifeln. Der Bewerber um die Vaterschaft war selbst der Sohn eines Ehepaares, dessen Blutgruppen unverträglich waren, und das ängstigte die beiden fast zu Tode. Diese Angst ließ nicht einmal dann nach, als zunächst ein Sohn und dann eine Tochter geboren wurde, die beide vollkommen gesund waren. Sie betrachteten ihre Kinder wie Überlebende, die wunderbarerweise einer Katastrophe entronnen waren. Der Junge, unser zukünftiger Papa, heiratete ein Mädchen, das eine Zeitlang hochgradig süchtig gewesen war, und das nun fürchtete, dies hätte Spuren in seinem Körper hinterlassen. Bemerkenswert ist auch die folgende Tatsache: Die beiden jungen Leute hatten unverträgliche Blutgruppen...

Aller Anstrengungen und vielfältiger Behandlungsversuche ungeachtet, wollte sich kein Kind bei ihnen einstellen; also versuchten sie, sich adoptieren zu lassen. Dem Wert ihrer eigenen Rasse vertrauten sie so wenig, daß sie sich zunächst an ein schwarzes Kind wandten, denn sie selbst waren Weiße. Dann riefen sie zur Verstärkung ein zweites Kind herbei, das aus Asien stammte. Die beiden Kleinen schätzten in diesem Falle die Prognose verhältnismäßig gut ein, und sie übernahmen die Behandlung, die alles in allem vier Jahre dauerte und ein voller Erfolg wurde. Das Nicht-Wollen dieser Eltern lag im wesentlichen in ihrer Angst und Unsicherheit begründet, und diese konnten die Kinder abbauen, indem sie größte Freundlichkeit und offenkundiges Wohlbefinden an den Tag legten. Außerdem vermehrten sie die körperlichen Kontakte. So machte sich die Mutter ein liebenswerteres Bild ihres eigenen Leibes, der allmählich wieder bewohnbar wurde. Ein Fetus nistete sich darin ein und entwickelte sich unter behaglichen und zufriedenstellenden Bedingungen. Schließlich wurde er in eine Familie hineingeboren, die auf seinen Empfang in vollkommener Weise vorbereitet war. Heute haben die drei Kinder allem Anschein nach mit ihren Eltern auch nicht mehr Verdruß als der Durchschnitt.

Diese Geschichte ist besonders tröstlich. Man muß allerdings wissen, daß die Dinge nicht immer so günstig laufen. Manche adoptierten Eltern fühlen sich in dieser Situation dermaßen schuldig und herabgesetzt, daß sie dazu übergehen, die Realität zu verleugnen. Sie handeln und reden, als ob sie nicht wüßten, daß sie adoptiert worden sind. Gewiß, im Grunde ihres Herzens können sie die Tatsache nicht verleugnen. Die Erinnerung an all die Schritte, die sie unternommen haben, um sich adoptieren zu lassen, sie läßt sich nicht vollständig verdrängen. Es obliegt also dem Kind, sie ganz langsam dahin zu führen, daß sie ihre Erinnerung wiederfinden. Man kann mit kleinen Phantasiegeschichten beginnen. Andeutungen können folgen, Bemerkungen, die man im Vorübergehen macht. Auch Fehlleistungen sind ein sehr empfehlenswertes Mittel, um das Wiederauftauchen von Erinnerungen anzustoßen. Andererseits darf man keinesfalls ohne Umschweife von den Eltern reden, die man gehabt hat, bevor man die jetzigen adoptierte. Das wäre eine grobe Taktlosigkeit, und man liefe Gefahr, das Vertrauensverhältnis aufs Spiel zu setzen, das für adoptierte Eltern von so lebenswichtiger Bedeutung ist. Man darf diese ursprünglichen Eltern frühestens am Ende der Behandlung ins Gespräch bringen, wenn das Innenleben des adoptierten Elternteils vollständig wiederhergestellt und stabilisiert ist. Während dieses gesamten therapeutischen Vorgangs der Umstrukturierung ist es ratsam, die Eltern zu beruhigen und ihr Selbstwertgefühl zu steigern, ohne sie deshalb übermäßig zu behüten. Adoptierte Eltern haben ein lebhaftes Empfindungsvermögen, und sie nehmen jeden schwachen Versuch, sie anders zu behandeln als andere, unmittelbar wahr.

Trotz allen Vorsichtsmaßnahmen zum Zeitpunkt der Adoption und trotz allen therapeutischen Anstrengungen kommt es vor, daß adoptierte Väter und Mütter sich als unheilbar erweisen. Sie empfinden eine solche Unfähigkeit, sich in die ihnen angebotene Familie zu integrieren, daß sie sich nicht entspannen, sondern statt dessen zunehmend den Kopf verlieren. Sie werden anspruchsvoll und überkritisch gegenüber dem Kind; denn sie versuchen sich selbst zu entschuldigen, indem sie ihre Selbstvorwürfe auf das Kind projizieren. Ihr untergründiges Nicht-Wollen gewinnt die Oberhand, und ihr Haus wird Schritt um Schritt genauso ungastlich wie ihr Körper. Manche geraten geradezu in einen Zustand geistiger Verwirrung und werfen dem Kind vor, es verrate sie, beute sie aus und belästige sie. Gelegentlich passiert es sogar, daß sie gefährlich werden. In diesem Fall gibt es nur eine Lösung: Zu ihrem eigenen Wohl muß man sich schnellstmöglich von ihnen trennen. Man kann ihnen nur noch wünschen, daß es ihnen wenigstens gelingt, mit Hilfe einer Katze, eines Hundes oder – schlimmstenfalls – mit Hilfe eines Kanarienvogels oder eines Goldfischs zu sich selbst zurückzufinden.

Kriminelle Eltern

Wir unterscheiden im großen und ganzen zwei Arten elterlicher Kriminalität, nämlich eine asoziale Straffälligkeit und eine sozial anerkannte, ja sogar ehrenvolle. Zur ersten Kategorie gehören beispielsweise Diebe und Kindsmißhandler, Mörder ohne amtliche Genehmigung, Verkehrssünder usw. usw. In der zweiten Kategorie finden wir gewisse Politiker, Geschäftsleute, Staatschefs und Finanzbosse, ferner amtlich anerkannte Mörder (Militärs, Polizisten, Ärzte, zuweilen Richter, Henker usw.), Religionsführer, Psychiater und viele, viele andere. Es würde Seiten füllen, sie alle aufzuzählen.

Ein Kind kann mit seinen kriminellen Eltern gemeinsame Sache machen oder auch nicht. Wie es sich entscheidet, hängt wesentlich von der Qualität seiner Beziehung zu solchen Eltern ab. Ich persönlich bin der Auffassung, daß es nicht Sache des Kindes ist, die moralische Erziehung von Mutter oder Vater in die Hand zu nehmen, jedenfalls nicht unmittelbar. Vielmehr bin ich überzeugt, daß eine freimütige und freundschaftliche Beziehung zu beiden Eltern auf dem Feld der Moral einen pädagogischen Wert an sich darstellt. Natürlich hindert nichts das Kind an dem Versuch, direkt auf die Moral seiner Erzeuger einzuwirken, doch sind diese Bemühungen nach meiner Erfahrung selten von Erfolg gekrönt. Vielmehr ziehen sie häufig die Gefahr nach sich, den guten Anteil in den Beziehungen zwischen Kind und Eltern aufs Spiel zu setzen, während doch das angestrebte Ziel dem Kind gar nicht besonders am Herzen liegt.

Obwohl ich in meinen Akten keinen klinischen Fall habe, den ich Euch hätte vortragen können, war es mir doch sehr wichtig, diese Sache hier zur Sprache zu bringen, weil die

elterliche Kriminalität für ein Kind außerordentlich weitrei-
chende Folgen haben kann: Es kann verwahrlosen, oder es
ist von heute auf morgen Waise, kommt ins Erziehungsheim
oder ins KZ, es wird vielleicht zu einer beneideten Persönlichkeit, bleibt ewig der Sohn oder ist plötzlich tot. Dabei hat
es nicht die geringste Möglichkeit, die Situation zu beeinflussen. Deshalb habe ich es für notwendig gehalten, damit
ihr gewarnt seid.

Die »schönen« Eltern

Hier möchte ich an die beson-
deren Gattungen der Stief- und Schwiegereltern erinnern,
die wir in Frankreich unter dem Begriff »schöne« Eltern
(beaux-parents) zusammenfassen. Der Ursprung dieser
Bezeichnung ist einigermaßen obskur; denn man kommt
nicht an der Feststellung vorbei, daß Stief- und Schwiegereltern im allgemeinen auch nicht schöner sind als andere.

Zunächst zu Schwiegervater und Schwiegermutter:
Wirklich schön an ihnen ist, daß man sie ohne sonderliche
Schuldgefühle fröhlich angreifen kann. Das gereicht den
eigenen Eltern durchaus zum Vorteil, denn die haben es im
allgemeinen nötig, daß sie ein wenig aufgemöbelt und von
ihren negativen Zügen geläutert werden.

Wir haben es hier mit einem Verhaltensmuster zu tun, das
für jedermann vorteilhaft ist. Das Kind lädt seine Aggressi-
vität ab und reinigt die Atmosphäre zwischen Papa oder
Mama und sich selbst. Die Eltern sehen sich kostenlos
verschönert und erneuert, und dieser Zustand regt manchmal sogar ihre eigenen Fähigkeiten zur Veredelung ihrer
selbst an.

Den Schwiegereltern gelingt es recht und schlecht, die
Aggressionen zu verdauen, die ihnen von seiten eines
Kindes zuteil werden, das nicht das ihre ist. Übrigens ziehen
sie, weil selbst Vater oder Mutter eines eigenen Kindes, in
umgekehrter Richtung aus dem ganzen Vorgang selber
gleichfalls einen Nutzen.

So haben Schwiegereltern also trotz allem etwas Schönes
an sich, und auf jeden Fall stellen sie unter ökonomischen
Gesichtspunkten eine bemerkenswerte Einrichtung dar.

Es gibt, wie gesagt, zwei Spielarten »schöner« Eltern. Die

einen heißen Schwiegereltern und sind Kindern eines gewissen Alters vorbehalten. Sie werden vom Ehepartner als Aussteuer in die Ehe mitgebracht. Im anderen Fall kommen Kinder dann zu »schönen« Eltern, wenn Vater oder Mutter einen verstorbenen oder ungeeigneten Partner durch einen anderen ersetzen. Im Deutschen spricht man von Stiefeltern. Beide Arten von »schönen« Eltern haben die gleichen Vorzüge.

Halten wir fest, daß die vollkommensten Schwiegereltern und die zärtlichst geliebten Stiefeltern diesen Dienst des Blitzableiters versehen können. Es muß keineswegs so sein, daß sie die Vorwürfe wirklich verdienen, die man gegen sie richtet.

Es erübrigt sich, das Thema weiter zu illustrieren. Unzählige Geschichten von unerträglichen Schwiegermüttern und tyrannischen Schwiegervätern sind uns in der Literatur überliefert oder aus Witzzeichnungen bekannt.

Eltern auf großer Fahrt

Es gibt Eltern, die zeichnen sich dadurch aus, daß sie auf große Fahrt gehen oder durch Abwesenheit glänzen. Von Zeit zu Zeit werden sie daheim kurz gesehen, dann verschwinden sie wieder. Alles deutet darauf hin, daß sie auch während ihrer Abwesenheit am Leben sind. Der eine oder andere macht eine Bemerkung über sie, und es wird in einer Weise über sie geredet, als existierten sie wirklich. Auch gibt es gewisse greifbare Anzeichen dafür, denn sie schreiben gelegentlich Briefe. Wenn sie wieder einmal erscheinen, erzählen sie alles, was ihnen während ihrer Abwesenheit zugestoßen ist. Oftmals rechtfertigen sie ihr Verhalten – auch vor sich selber – mit beruflichen, gegebenenfalls mit politisch-historischen Gründen; ich neige jedoch zu der Annahme, daß es eher durch eine erbliche Anlage bedingt ist. Man wird feststellen, daß sie langsam dahinsiechen, wenn die Umstände sie zwingen, daheim zu bleiben. Manche kommen körperlich richtig auf den Hund, sie trocknen geradezu aus; andere legen sich einen ungesunden Fettwanst zu. Die einen versuchen, solange sie da sind, ausschließlich für ihre Familie zu leben, und reiben sich in selbstzerstörerischer Hingabe auf; die anderen werden ihrer Umgebung dermaßen unerträglich, daß schließlich jedermann genausosehr wie sie selber den Tag herbeisehnt, an dem sie abreisen.

Die Eltern auf großer Fahrt ahnen oft nicht einmal, welche Probleme ihr Lebenswandel dem Kind verursacht. Es muß zunächst das Geheimnis ihres Verschwindens aufhellen. Von einem gewissen Alter an verfügen Kinder über die notwendigen Hilfsmittel, deren es zur Ermittlung bedarf; aber einen Säugling oder ein sehr kleines Kind vermag das Phänomen ganz außerordentlich zu verwirren.

Ferner gibt es das nicht minder tiefe Geheimnis des Wiedererscheinens von Mama oder Papa. Nicht immer läßt es sich aufklären, warum sie gerade in diesem Augenblick auftauchen und nicht in einem anderen. Gewiß, das Kind bekommt oft diesbezüglich ein paar Hinweise, aber nicht immer ist es in der Lage, sie zu analysieren. Wiederum ist der Säugling hier ganz besonders benachteiligt. Mündliche Mitteilungen vermögen ihn kaum über die Sache aufzuklären, und er ist darauf angewiesen, so gut es eben geht, die Gemütsbewegungen zu deuten, die er in seiner Umgebung wahrnimmt.

Das Kind versucht auch herauszufinden, ob es den Augenblick des Wiederauftauchens beeinflussen kann oder nicht. Welches Hilfsmittel soll es gegebenenfalls anwenden? Alle nur denkbaren magischen Hilfsmittel haben sich in gewissen Fällen zweifelsfrei bewährt. Bei anderen Gelegenheiten haben sie ebenso sicher fehlgeschlagen.

Das Kind verfügt auch über eine ganze Reihe handfester Hilfsmittel, die um so besser funktionieren, je dramatischer man sie einzusetzen versteht. Man kann zum Beispiel eine große – aber auch wirklich riesengroße! – Dummheit begehen. Man kann einen schweren Unfall haben oder verursachen, und man kann sehr krank werden. Aber selbst solche großkalibrigen Aktionen können wirkungslos bleiben, wenn die Eltern zum Beispiel Seeleute, Soldaten, Zuchthäusler oder dergleichen sind.

Hier die Geschichte einer kleinen Göre, die es mit einem schweren Keuchhusten versuchte, ihrer Mutter, die immer wieder durch Abwesenheit glänzte, zu einem steteren Lebenswandel zu verhelfen. Tatsächlich erschien die Mama wieder auf der Bildfläche, aber nur um eben festzustellen, daß keine Gefahr bestand; dann machte sie sich umgehend wieder davon. Daraufhin probierte die Kleine es mit einer chronischen Krankheit, aber auch das war ein vollkommener Reinfall. Sie erreichte lediglich, daß ihre Mutter in ständiger Unruhe lebte (irgendwo weit weg!) und beträchtliche Summen für Telefongespräche über riesige Entfernungen ausgab. Auch erreichte sie, daß sie bei jeder Abwesenheit der Mutter zu ihrer Großmutter ziehen mußte und es folglich nicht in Ruhe genießen konnte, den Vater alleine zu besitzen. Schließlich wurde sie – und das schlägt dem Faß den Boden aus – ein Opfer des Hilfsmittels, dessen sie sich bedient hatte: Sie brauchte über 20 Jahre, um ihre Krankheit loszuwerden, und selbst dann hatte sie noch unter deren Folgen zu leiden. Mir war es wichtig, Euch diesen Fall darzulegen; denn ich wollte alle warnen, die eventuell dazu neigen, sich dieser Technik zu bedienen.

Es bleibt uns also nichts anderes übrig, als daraus zu schließen, daß es beim jetzigen Stand unseres Wissens kein verläßliches Hilfsmittel gibt, getürmte Mütter oder Väter nach Belieben wieder auftauchen zu lassen. Deshalb müssen wir uns mit der Situation abfinden, und daraus ergeben sich wiederum einige ernsthafte Probleme.

Eine lästige Eigenheit von Eltern, die auf große Fahrt gehen, ist es zum Beispiel, daß sie in regelmäßigen Abständen sowohl in der Innenwelt des Kindes als auch in seiner äußeren Umgebung Erschütterungen hervorrufen. Zu Zeiten ihrer Anwesenheit legen sie eine große Beharrlichkeit an den Tag, in dem Bemühen, als wichtiges Element dieser beiden Strukturen akzeptiert zu werden. Das Kind hat nur den einen Wunsch, sich davon überzeugen zu lassen, und es bedient sich schließlich dieser Überzeugung, um andere Teile des Gebäudes darauf aufzubauen. Aber jetzt verschwindet solch ein Vater oder solch eine Mutter wieder, und das Kind kann sich nur noch in die Bresche schlagen, um mit ausgestreckten Armen das Stück Mauer abzustützen, das es unvorsichtigerweise auf Vater und Mutter gebaut hat. Das Kind kann jedoch nicht unbegrenzt seine ganze Kraft einer Arbeit opfern, deren Erfolg stets vom Zufall abhängt.

Deshalb schließt es, wenn dieser Zustand längere Zeit anhält, die Lücke am Ende mit irgendeinem Ersatz, der sich gerade bietet. Während es noch ganz und gar auf die Durchführung dieses Planes konzentriert ist, taucht der Vater oder die Mutter unvermutet wieder auf und stürzt sich Hals über Kopf auf den vermeintlich leeren Platz, ohne die geringste Rücksicht auf die gerade laufenden Arbeiten, die infolge seines Ausbleibens notwendig geworden sind. Mit diesem rücksichtslosen Einbruch setzt er (oder sie) in einem einzigen Augenblick die mühselige Arbeit von Monaten oder gar von Jahren aufs Spiel.

Es kommt einem in der Tat so vor, als seien sich Eltern, die auf große Fahrt gehen, der Störungen, die sie hervorrufen, überhaupt nicht bewußt. Aber das macht die Lage nur noch verworrener, und das Kind, das im allgemeinen davon ausgeht, daß seine Mutter oder sein Vater in vollkommener Einfalt handeln, unternimmt alle möglichen Versuche, sie zu trösten, anstatt sich um seine eigenen Angelegenheiten zu kümmern, die doch so sehr gefährdet sind.

Die Mutter eines kleinen Buben war Schauspielerin. Sie verschwand, als er sechs Monate alt war. Das Weltbild des Jungen war noch einigermaßen chaotisch, und er sah sich außerstande, sehr lange zu warten. Er griff sich die erste vertraute und warmherzige Person, deren er habhaft werden konnte, und setzte sie auf den leeren Platz. Sieben oder acht Monate lang ging alles gut, bis zu dem Tag, an dem die Mutter plötzlich wieder Gestalt annahm und ihren alten Platz wieder besetzen wollte, als wäre nichts geschehen. Der Junge versuchte sein Gleichgewicht zu bewahren oder wenigstens soviel Zeit zu gewinnen, als er bedurfte, um sein Weltbild neu zu gestalten. Also begann er die Ersatzmutter, die er bis dahin immer mit ihrem Vornamen angeredet hatte, »Mama« zu nennen. Seine leibliche Mutter forderte er mit aller wünschenswerten Höflichkeit auf, so lange zu warten, bis er ihr einen Platz eingerichtet haben würde. Er erreichte ein vollkommenes Mißverständnis. Die Mutter hatte geglaubt, sie werde ungeduldig erwartet. Sie verstand überhaupt nicht, was vorging, und verfiel in Depression. Jetzt hatte der Kleine keine andere Wahl mehr: Er mußte seine Umbauarbeiten aufgeben und der bekümmerten Mama zu Hilfe eilen.

Manchen besonders begabten Kindern gelingt es, für diese Art von Eltern einen Platz zu ersinnen, ohne daß für sie die Gefahr besteht, erdrückt zu werden. Vater oder Mutter finden diesen Platz bei jedem Wiederauftauchen wie ein vertrautes Kleidungsstück vor; aber diese Lösung steht nicht jedem zu Gebote, sondern nur Kindern, die über eine gleichermaßen geschmeidige wie feste Organisation verfügen; außerdem bedarf es besonders günstiger Umstände, und auf jeden Fall erfordert diese Lösung vor allem eine lange und gründliche Vorbereitung.

Reiche Eltern und,
als Variante, arme Eltern

Hierbei handelt es sich um Eltern, die das Wesentliche ihrer Gefühle mittels Geld zum Ausdruck bringen. Mittels Geld, von dem sie behaupten, es zu besitzen oder auch nicht. In der Tat können sich Eltern völlig unabhängig von ihrer objektiven Finanzlage reich oder arm fühlen. Ihr Verhalten wird von dem entsprechenden Gefühl bestimmt sein. Mit aller Macht oder, was auf das gleiche hinausläuft, mit aller Ohnmacht, geben sich solche Eltern Illusionen hin, die auf der Fülle oder Armseligkeit ihres Bankkontos gründen. Manche reichen Eltern halten ihr Budget mit knapper Not im Gleichgewicht. Es gibt Eltern, die arme Millionäre sind.

Ihre Sprache und ihre Art, Gefühle zum Ausdruck zu bringen, sind oftmals schwer zu deuten, sie sind in höchstem Maß lästig für das Kind und außerordentlich verwirrend wegen der Widersprüche, die sich bei objektiver Betrachtungsweise offenbaren. Indessen ist diese Sprache für Vater und Mutter höchst gefühlsbeladen; gerade mit diesem primitiven Hilfsmittel können unterentwickelte Eltern trotz allem ihr Verlangen nach Liebe und den Wunsch, selbst Liebe zu geben, mitteilen. Bleibt ihr Notruf unverstanden, fühlen sie sich von ihrem Kind zurückgestoßen, verachtet und abgewertet. Wiederholte Abfuhren können regelrechte Depressionen bei ihnen auslösen und schließen das Risiko ein, daß sie in einer vollkommen negativen Haltung verharren. So ein reicher Vater wird sein Kind einzig und allein deshalb mit Geschenken überschütten, weil er ihm damit seine Liebe und sein Liebesverlangen vermitteln will, keineswegs geht es ihm dabei um die Freude des Kindes oder um dessen Interesse an der Sache. Ein solches

Geschenk hat keinerlei stimulierende Wirkung, vielmehr hindert es das Kind an der Entdeckung und Auswertung des vorausgegangenen.

Arme Eltern wollen wegen der Entbehrungen geliebt werden, die sie erleiden, vielmehr sich auferlegen. Sie wünschen auch, das Kind möge die Liebe, die es ihnen entgegenbringt, dem Geldopfer anpassen, das sie ihm zuliebe gebracht haben. In gleicher Weise bringen arme Eltern den außerordentlichen Wert zum Ausdruck, den sie ihrem Kind zuschreiben: Sie legen dar, daß alles Gold dieser Welt für die Pflege eines so kostbaren Gegenstandes nicht ausreicht. Damit das Kind übersetzen kann, was ihm auf diese Weise mitgeteilt wird, halten die Eltern es über die Preisentwicklung – besonders was die Teuerungsrate betrifft – und über die Kursentwicklung der nationalen Währung ganz genau auf dem laufenden. Zu allem Übel ruft diese elterliche Ausdrucksweise bei Kindern manchmal ein peinliches Schuldgefühl hervor. Sie gewinnen den Eindruck, regelrechte Luxusgeschöpfe zu sein, die von ihren Eltern nur angeschafft wurden, weil das Kind sie dazu gezwungen hat, obwohl sie nicht über die erforderlichen Mittel verfügten. Es ist in diesem Fall für das Kind sehr schwierig (und für Vater und Mutter so gut wie unmöglich), äußere und innere Wirklichkeit auseinanderzuhalten.

Zur Illustration meines Themas folgt hier die autobiographische Geschichte, die mir die kleine Tochter eines reichen Vaters mitgeteilt hat. Ihr Papa gehörte nicht nur der Kategorie reicher Eltern an, sondern darüber hinaus zwei wichtigen anderen: Er war sehr beschäftigt, und er war überlastet. Aus all diesen Gründen mußte er seine Zuneigung mit Hilfe von Geschenken zum Ausdruck bringen. Seine Kleine hatte das verstanden und bemühte sich, in einer ihm verständlichen Sprache mit ihm zu reden. Eines Tages bat sie ihn also, ihr eine Schallplatte zu schenken, auf der eines ihrer Lieblingslieder vorkam, ferner einen Plattenspieler, damit sie das Lied auch hören könnte. Sie sah sich schon, wie sie, an Vaters Knie geschmiegt, das Vergnügen mit ihm teilte, sich von einer angenehmen Melodie wiegen zu lassen. Am gleichen Abend kam ein Lieferant ins Haus. Er war mit schweren Paketen beladen. Darunter befand sich eine Kiste, die einen Stereo-Plattenspieler neuester Bauart enthielt. Die beiden Lautsprecherboxen fand sie in einer weiteren Kiste. Ferner waren drei große, mit alles in allem 50 Schallplatten vollgestopfte Kartons geliefert worden. Da gab es Chansons, Klassik und Tanzmusik. Das Kind war noch nicht in alle Geheimnisse der Schrift eingedrungen und brauchte mehrere Stunden, um unter dieser Lawine von Melodien die vertrauten Klänge seines Lieblingsliedes ausfindig zu machen. Von seinem Papa ist noch zu berichten, daß er nachmittags angerufen hatte und wissen ließ, er komme zum Abendessen nicht nach Hause. Zu seinem Glück liebte ihn seine kleine Tochter so sehr, daß sie verstand: Er konnte dieser Situation nicht unmittelbar begegnen, weil er genau spürte, daß da etwas nicht stimmte.

Alles in allem ist diese Geschichte eher tröstlich, jedoch ist das keineswegs immer so. Man hat mir auch den Fall eines kleinen Jungen zugetragen, der enorme Schwierigkeiten mit seinen armen Eltern hatte. Unter ihren Händen wurde alles zur Entbehrung. Sie überhäuften ihren Sohn mit ebenso schmerzhaften wie unnützen Opfern und muteten ihm Entbehrungen zu, gerade in Bereichen, in denen er einen Wunsch auszudrücken wagte. Von dieser Spannung überfordert und durch die offenkundige Zusammenhanglosigkeit des elterlichen Verhaltens aus der Fassung gebracht, beschloß der Junge, sich in Zukunft zurückzuziehen, und versteckte sich hinter einer Geistesschwäche. Von der Idee des Opfers fasziniert, stürzten die Eltern zu einem Psychotherapeuten, und dem gelang es verhältnismäßig schnell, mit dem Jungen in Kontakt zu kommen, da dessen Verstellung noch verhältnismäßig neu war. Der Therapeut beging die

Unvorsichtigkeit, die Eltern zu beruhigen. Zudem verlangte er für die Beratung und die weiteren vorgesehenen Sitzungen einen verhältnismäßig bescheidenen Betrag, denn er hatte sich einigermaßen von den Schwierigkeiten beeindrucken lassen, denen sich die Eltern ausgesetzt sahen, um ihrem Kind eine Psychotherapie zuteil werden zu lassen. Am Tag des nächsten Zusammentreffens erhielt er einen Telefonanruf, der ihn ratlos machte: Der Vater meldete sich, um mitzuteilen, daß sie weder zum verabredeten Termin kommen noch zum gegenwärtigen Zeitpunkt die Therapie aufnehmen könnten, denn sie wären außerstande, den erforderlichen Betrag flüssig zu machen. Sie hätten ein kleines Häuschen an der Côte d'Azur, und dessen Terrasse müsse gerade jetzt vollständig erneuert werden, wo es auch das Dach und die beiden Türme des Landsitzes in der Normandie nötig hätten. Auch kosteten die Pferde einen Haufen Geld, und sie hätten seit mehreren Monaten kein Rennen mehr gewonnen. Angesichts dieses beängstigenden Gemäldes konnte der Therapeut sich nur fügen. All seiner Anstrengungen ungeachtet, gelang es ihm nicht, das Kind auch nur noch ein einziges Mal zu sehen. Man muß wohl befürchten, daß diese Eltern ihr Leben lang arm und frustriert bleiben werden, wenn sie ihre Chance nicht ergreifen und ihr Problem nicht lösen, bevor ihr Sohn sie in die Unabhängigkeit entläßt.

Ich habe den Eindruck gewonnen, daß es sich bei dieser Art von Eltern fast immer um ziemlich schwache und strenge Typen handelt. Ihre einzige Chance besteht darin, dennoch und trotz allem von ihrem Kind verstanden zu werden. Sie tun ihr Bestes, nach allem was man weiß. Es ist Sache des Kindes, seine Enttäuschungen und seine Gereiztheit zu überwinden. Es darf die Geschenke oder Entbehrungen, die ihm angeboten werden, nicht abwerten, und es muß sich den Bedürfnissen von Wesen anpassen, die schwächer und zerbrechlicher sind als es selbst.

Alte Eltern

Ganz anders als das Kind werden Eltern mit zunehmendem Alter immer anfälliger, labiler, eigensinniger, zunehmend überempfindlich, ängstlich und zuweilen melancholisch. Man muß sie mit großer Umsicht und mit viel Taktgefühl behandeln. Alte Väter und Mütter beanspruchen unaufhörlich Zärtlichkeit und Zuneigung. Sie haben Angst vor der Verlassenheit, Angst vor Veränderung, Angst vor dem Neuen, Angst vor der Zukunft und vor allem immer mehr Angst vor dem Tod. In der Tat ist der folgende Umstand bemerkenswert: Je jünger ein menschliches Wesen ist und je näher es der Epoche, in der es nicht existierte, noch steht, desto vertrauter ist ihm dieser Zustand und um so weniger fürchtet es sich davor. Ein Fetus stirbt ganz offensichtlich problemlos, ja, oftmals mit einer solchen Diskretion, daß selbst die Mutter dessen nicht gewahr wird. In Situationen, die ausweglos erscheinen, ist das sogar eine der bequemsten Lösungen, die sich ihm anbieten. Junge Leute sind ziemlich leicht dabei, ihr Leben aufs Spiel zu setzen: für ihre Ideen, für ihre Freunde, manchmal einfach, weil die Herausforderung sie reizt oder weil sie sich die Zeit vertreiben wollen. Dagegen haben alte Eltern es vollkommen vergessen, wie es war, als sie noch nicht existierten, und das Unbekannte jagt ihnen Schrecken ein. Das Kind bietet den lieben langen Tag dem Unbekannten die Stirn, und es vermag die Alten zu beruhigen, indem es ihnen zeigt, daß man dem, was man nicht kennt, mit Interesse, Neugier oder wenigstens mit einer gewissen Kaltblütigkeit entgegensehen kann. »Warum Angst haben, wo doch nichts passieren kann, was nicht ohnehin passiert?« fragte mich ein sehr betagtes Kind im Alter von 80 Jahren während eines besonders kritischen Abschnitts seiner Lebensgeschichte.

Hinzuzufügen bleibt, daß ein Kind, je älter es wird, desto wehrloser angesichts der Verzweiflung seiner Eltern ist. Das ist um so bedauerlicher, als Eltern und Kinder allermeistens – wenn auch nicht immer – gleichzeitig alt werden.

Alte Eltern haben viel Erfahrung, und sie sind schrecklich vollgestopft damit. Sie glauben eine Menge Dinge zu wissen, weil sie immer schon Ähnliches gesehen haben. Um diese Erfahrungen rentabel zu machen, geben sie sich alle Mühe, Ereignisse und Leute mit Gewalt in ein vorgefertigtes Schema zu pressen. Unter dem Vorwand, daß sie selbst einstmals ein Kind gewesen sind, glauben sie, gut über ihr Kind Bescheid zu wissen. Dabei vergessen sie einfach, daß es sich nicht um dasselbe Kind handelt. Wohl neigen diese erfahrenen alten Eltern dazu, im Namen dieser berühmten Erfahrung unaufhörlich Ehrfurcht, Gehorsam und Vertrauen zu beanspruchen, aber sie spüren auch undeutlich, daß sie sich auf diese Weise bemühen, aus einer Schwäche eine gute Eigenschaft zu machen. Unter vielfältigen Umständen, namentlich wenn sie sich wissenschaftlicher Forschung widmen, machen Vater oder Mutter es jedermann, der es hören will, klar, daß sie die Dinge mit unverstelltem Blick und vorurteilsfrei betrachten, ganz auf das Unerwartete und Überraschende konzentriert und keineswegs auf das Bekannte und Vertraute. Die beste Hilfe, die ein Kind seinen alten Eltern gewähren kann, besteht darin, ihre wissenschaftliche Haltung auf Kosten ihrer Bereitschaft zur Flucht in das Bekannte zu begünstigen. Zugleich muß es ihnen zeigen, daß ihnen dadurch nichts von der so sehr ersehnten Ehrfurcht verlorengeht, sondern ganz im Gegenteil.

Wenn das Kind die angeborene Fähigkeit aufweist, seine Eltern zu verstehen und zu erziehen, so ist der Grund dafür der, daß es selbst noch nie erwachsen gewesen und daß es auch nicht Mutter oder Vater ist; infolgedessen ist es natürlich zu solch vorurteilsfreier Beobachtung fähig, die die einzige zulässige wissenschaftliche Haltung ist. Auch hier gilt: Je älter ein Kind wird, und je mehr es sich mit Erfahrungen, Grundsätzen und Überzeugungen vollstopft, desto mehr läuft es Gefahr, an dem vorbeizugehen, was das Wesentliche an den Problemen und Bedürfnissen seiner Eltern ist.

Das sexuelle Leben der Eltern

Eltern sind eine zweige-schlechtige Spezies, es gibt Männchen und Weibchen. Die Männchen nennt man Väter, die Weibchen Mütter. Oft gibt man ihnen auch kleine Kosenamen wie Mama oder Papa. Im Alter werden sie bisweilen zu Omas und Opas. Verwechslungen mit Tanten oder Onkeln muß man unbedingt vermeiden. Diese sind nicht unbedingt Eltern, und sie müssen nicht paarweise auftreten.

Männchen und Weibchen unterscheiden sich im wesentlichen durch ihre Körperform, aber auch durch eine ganze Reihe feinerer Merkmale, die sich nicht so leicht genau erklären lassen. Wie auch immer, das Kind hat diesbezüglich einen sechsten Sinn, und es kommt selten zu Mißverständnissen.

Kinder jeglichen Alters haben ein außerordentlich abwechslungsreiches und vielgestaltiges Geschlechtsleben. Es vollzieht sich einzeln, zu zweit oder in Gruppen, mit Partnern ganz egal welchen Geschlechts, sogar mit Tieren oder Gegenständen. Im Gegensatz dazu ist das elterliche Geschlechtsleben verhältnismäßig armselig und eintönig. Es spielt sich zwangsläufig zu zweit ab, und es erfordert die Beteiligung einer Frau und eines Mannes, die ihre anatomischen Besonderheiten gemäß einem starren Schema gebrauchen, um es so einzurichten, daß Ei- und Samenzelle sich unter den für sie günstigsten Bedingungen miteinander in Verbindung setzen können.

Trotz dieser relativen Dürftigkeit seiner Sexualität scheint es, als messe ihr der Erwachsene eine maßlose Bedeutung bei. Er wird nicht müde, davon zu reden, sei es direkt oder in Andeutungen, sei es musikalisch, poetisch, in

Bildern oder jeder beliebigen anderen Form schöpferischer Tätigkeit. Gegenüber seinem Kind nimmt er häufig eine Haltung spielerischer Herausforderung an, indem er sich offensichtlich jedesmal versteckt, wenn er sich seiner sexuellen Tätigkeit hinzugeben wünscht. Sie vollzieht sich im allgemeinen hinter verschlossenen Türen (aber keineswegs geräuschlos) oder nachts, wenn der Erwachsene voraussetzt, daß sein Kind schläft.

Ich glaube, man muß den Eltern das Recht auf ein gewisses Privatleben einschließlich ihrer Sexualität zugestehen. Sie bedürfen dessen für die Ausgeglichenheit ihres seelischen Haushalts, und wenn man ihnen diesbezüglich übermäßige und allzu häufige Frustrationen zumutet, dann neigen sie zu Heftigkeit und unkontrollierten Ausbrüchen. Auch denke ich, daß man besser nicht eingreift, wenn das nicht unbedingt erforderlich ist, selbst wenn die Eltern alles tun, um Aufsehen zu erregen.

Natürlich ist das nicht immer möglich. Ich habe zum Beispiel festgestellt, daß Mütter und Väter im allgemeinen eine bemerkenswerte Unfähigkeit an den Tag legen, wenn es darum geht, die Zahl der Kinder genau einzuschätzen, denen sie ihre Dienste korrekt zu erweisen vermögen und für die Sorge zu tragen sie imstande sind. Sie haben die ärgerliche Neigung, ihre Fähigkeiten in dieser Hinsicht zu überschätzen. Das Kind ist dann durchaus gezwungen, eine gewisse Kontrolle über die Zahl der Geburten auszuüben.

Man hat mir über die unterschiedlichsten Methoden zur Empfängnisverhütung berichtet. Ein kleines Mädchen, das in gewissen Nächten eine verdächtige Unruhe im Zimmer seiner Eltern bemerkte, nahm die Gewohnheit an, unter unüberwindlichen Ängsten zu leiden und so lange zu brüllen, bis seine Eltern es zwischen sich in ihr Bett nahmen.

Ein anderes kleines Mädchen griff auf eine Variante dieser Methode zurück: Es lockte die Mutter in sein eigenes Bett und hielt sie dort die ganze Nacht über fest.

Ein drittes kleines Mädchen sah seine Anstrengungen durch besonders listige Eltern vereitelt. Sie hatten sich seiner Aufmerksamkeit entzogen und sich am hellen Nachmittag in ihr Zimmer verfügt, um sich dort ihren Tollereien hinzugeben. Die Kleine bemerkte im allerletzten Augenblick, was sich anbahnte. Sie drang in das Zimmer ein, sah die bevorstehende Katastrophe und legte eine bemerkenswerte Geistesgegenwart an den Tag: Sie fackelte nicht lange, hockte sich hin und verrichtete ihre Notdurft auf dem Bettvorleger. Es gab natürlich einen Riesenkrach, einige verbale und auch handgreifliche Exzesse, aber ein kleiner Bruder kam an diesem Tag auch nicht zustande.

Indessen kommt es vor, daß alle üblichen Verhütungsmaßnahmen versagen und das verflixte Kind doch auf die Welt kommt. Manche Kinder glauben, daß selbst dann noch nicht alles verloren ist und durchaus eine weitere Aktion ins Auge gefaßt werden kann.

Dasselbe Mädchen, dem es mit seiner genialen Improvisation auf dem Bettvorleger ein erstes Mal gelungen war, den verhängnisvollen Tag ohne Folgen verstreichen zu lassen, fand sich trotz allem eines Tages mit einer vollkommen überflüssigen kleinen Schwester auf dem Arm wieder. Sie unternahm sofort eine eingehende Untersuchung über Arbeitsweise, Zeitplan und Fahrtroute der Müllwagen, denn sie wollte versuchen, aus der ersten sich bietenden Gelegenheit Nutzen zu ziehen. Aber in diesem Fall hat sich eine Gelegenheit nie geboten.

Auch einem anderen kleinen Mädchen war es nicht gelungen, eine unerwünschte Geburt zu verhindern. Zurückhaltender und geduldiger als die junge Dame im vorausgegangenen Fall, versuchte sie, ihrer Mutter gut zuzureden: »Schau mal, wie niedlich er ist, der kleine Bruder! Wir wollen ihn jetzt waschen, seine Windeln wechseln und seinen Hintern pudern; dann ziehen wir ihm schöne warme Kleider an, geben ihm ein gutes und wohlgefülltes Fläschchen, und dann legen wir ihn auf den Müll.« Wie das leider so oft geht, wurde dieser gescheite Ratschlag nicht befolgt.

Was die Verfasserin betrifft, sie ist der Meinung, daß man angesichts vollendeter Tatsachen besser nicht so hartnäckig sein, sondern den Dingen ihren Lauf lassen sollte. Warum dem Wunsch der Eltern vorauseilen und ihnen zu Hilfe kommen, bevor sie einen selbst dazu einladen? Es ist besser, wenn man die Eltern sich alleine mit dem Ergebnis ihrer Inkonsequenz herumschlagen läßt. Ein Kind kann nicht fortwährend hinter ihnen her sein, und es ist unbedingt erforderlich, daß sie lernen, sich selbst zu kontrollieren.

Einige Bemerkungen zur Anatomie der Eltern

Unsere Kenntnis der elterlichen Anatomie kann noch nicht als vollständig angesehen werden. Man muß sagen, daß Väter und Mütter im allgemeinen nicht viel tun, um unsere Forschungsarbeiten zu erleichtern. Zur Zeit hat ihre diesbezügliche Haltung allerdings die Tendenz, sich aufzulockern, und wir hoffen, daß die folgenden Generationen in der Lage sein werden, einige wichtige Schlußfolgerungen herbeizubringen.

Wie ich an anderer Stelle schon gesagt habe, gibt es männliche und weibliche Eltern – Väter und Mütter –, die nicht von genau gleicher Gestalt sind, und genau dies dient dazu, sie voneinander zu unterscheiden.

Die Männchen und die Weibchen haben eine gewisse Anzahl gemeinsamer Kennzeichen: einen Kopf, einen Hals, einen Rumpf, zwei obere Gliedmaßen, die in Fingern endigen, und zwei untere Gliedmaßen, die in Zehen auslaufen. Man hat schon Exemplare beobachtet, denen Gliedmaßen oder Teile davon fehlten, aber im allgemeinen können sie diesen Mangel auf zufriedenstellende Weise erklären. Sie haben diese fehlenden Körperteile einstmals durchaus besessen, aber sie gingen ihnen verloren oder wurden ihnen geklaut. Gewisse Eltern können jedoch keinerlei annehmbare Erklärung für das Fehlen von Körperteilen geben, was an den allgemeinen Merkmalen der Spezies gewisse Zweifel aufkommen läßt. Genauso verhält es sich in den allerdings seltenen Fällen, wo Eltern zusätzliche Körperteile haben. Es könnte sich um Mutationen handeln, seien es spontan aufgetretene oder durch Zuchtbedingungen, Kreuzung oder Domestikation hervorgerufene. In der Tat haben die Erwachsenen einstmals wild oder halbwild gelebt, und sie verfügten über ihre Kinder, als handelte es sich um ein Vermögen. Sie kauften oder verkauften sie, warfen sie weg, wenn kein Bedarf war, und fraßen sie sogar auf! In ihrem primitiven Glauben ließen sie sich dazu hinreißen, sich selbst als die Meister anzusehen, womit sie den Lauf der Entwicklung einfach auf den Kopf stellten ... Wie dem auch sei, hierin könnte eine Erklärung für die festgestellten anatomischen Anomalien liegen.

Kommen wir jetzt zu den Unterschieden zwischen Männchen und Weibchen. Die Väter ähneln alles in allem den kleinen Jungen. Sie sind größer, und sie haben sehr viel mehr Haare an verschiedenen Stellen ihres Körpers, was zweifellos ein Überbleibsel der wilden Spezies ist. Die Haare auf dem Kopf und im Gesicht beseitigen sie entweder mit eigens für diesen Zweck hergestellten Apparaten oder sie stutzen sie in ästhetischer Absicht künstlerisch zurecht. Ihres Körpers bedienen sie sich mit mehr oder weniger Glück, aber gemäß einer gewissen Logik. Allerdings gibt es einen Bereich ihres Körpers, angesichts dessen sie sich völlig zusammenhanglos betragen. Es handelt sich um die Stelle zwischen Rumpf und Oberschenkeln und um all die damit in Zusammenhang stehenden Fortsätze. Dieser Bereich des Körpers ist gleichermaßen Gegenstand von Stolz und Scham, von Interesse und Geringschätzung, von lärmender ästhetischer Überbewertung und von nicht minder laut hinausposauntem Ekel. Es wird gleichermaßen vielfältiger wie gezielter Gebrauch davon gemacht. Der Hauptfortsatz stellt den kostbarsten Teil des Ganzen dar. Tausend kleine Kosenamen sind für ihn erfunden worden, andere Bezeichnungen wiederum dienen als Beleidigung. Ein weiteres Beispiel für die Ambivalenz, die dieser Körperzone anhaftet.

Was die Mütter angeht, so zeigt ihr Körper einen etwas deutlicheren Unterschied im Vergleich zu dem kleiner Mädchen. Sie sind behaarter als diese, aber wesentlich weniger als die Väter, jedoch haben gewisse Mütter ebenfalls Bärte oder Schnurrbärte. Von wenigen Ausnahmen abgesehen, versuchen sie aber niemals, daraus nach Art der Väter für ihre Schönheit Nutzen zu ziehen. Wir kennen nicht die Gründe für diese Zaghaftigkeit.

Ein weiterer Unterschied: Das Weibchen zeigt vorne an seinem Oberkörper zwei Fortsätze von höchstem Interesse. Sie sind zugleich schön und zweckdienlich, sie bieten dem Auge ein angenehmes Bild und fühlen sich voll und weich an. Sie ermöglichen die Herstellung und den Transport der Milch, deren der Säugling bedarf, und ihre Aufbewahrung bei optimaler Temperatur. Eine geistreiche Vorrichtung ermöglicht ihre Anpassung an den Mund des Säuglings.

Der untere Teil des Körpers wird mit derselben Ambivalenz behandelt wie bei dem männlichen Elternteil, jedoch besteht hier ein Zweifel hinsichtlich der genauen Form dieser Stelle. Beobachter, die sie persönlich untersuchen konnten, bekräftigen übereinstimmend, daß sie Zugang zu mehreren Hohlräumen gewährt, von denen wir nur einen einzigen gut kennen; in die Augen springende Fortsätze soll es darüber hinaus nicht geben. Eine nicht unerhebliche Anzahl von Forschern glaubte jedoch, aus einer Reihe konvergierender Hinweise den Schluß ziehen zu können, daß auch die Mütter so einen Fortsatz haben könnten. Gewisse Leute versichern, nur manche Mütter hätten ihn, andere glauben, sie hätten ihn alle, aber nur eine Zeitlang oder nur zu bestimmten Zeiten. Ich kenne ein Kind, das mit Nachdruck versichert, seine Mutter verfüge über so einen Anhang, es habe dessen Form unter dem Rock ausmachen können. Eine unerklärliche Furcht hat diesen Jungen aber immer davor zurückgehalten, eine ernsthaftere Untersuchung vorzunehmen. Er ist jetzt 42 Jahre alt, aber er konnte niemals gültige Beweise herbeischaffen, um seine Überzeugung zu untermauern. Um sie nicht aufgeben zu müssen, hat er es bis jetzt strikt unterlassen, ein Weibchen näherhin zu

prüfen. Das ist wiederum ein Beispiel für die Zweideutig-
keit, die diese Körperstelle umgibt.

Diese anatomische Abhandlung ist nicht von grundlegen-
dem Interesse für den Erzieher; doch kann ihm das formale
Element nicht ganz gleichgültig sein, sei es auch nur wegen
der Identifikationsmöglichkeiten.

Hygiene und Körperpflege
der Eltern

Die meisten Eltern legen eine maßlose Leidenschaft fürs Saubermachen an den Tag. Sie waschen ihren Körper bis in die kleinsten Vertiefungen, sie waschen ihre Kleider, ihre Gebrauchsgegenstände, ihre Kinder, ihr Auto und sogar ihr Haus; sie bürsten ihre Zähne, ihre Teppiche, ihre Schuhe. Nichts entgeht ihrer Putzwut.

Man darf nicht zu streng über sie urteilen. Ich glaube, es handelt sich mehr um eine einfache Manie als um ein wirkliches Laster.

Damit nicht genug, daß sie sich waschen, oft entstellen sie ihren persönlichen Geruch, der dem Kind so angenehm ist, indem sie sich mit verschiedenen Duftmitteln besprühen. Die sind übrigens nicht immer unangenehm, aber sie machen den vertrauten Geruch der Eltern ein für allemal unkenntlich.

Es gibt jedoch Fälle, wo es trotz allem notwendig ist, ihrer Zügellosigkeit Einhalt zu gebieten. Das ist dann der Fall, wenn sie die Lieblingssachen ihrer Kinder in Angriff nehmen. Da gibt es den Plüschbär, den man gebührend geschmust und mit verlockenden Substanzen imprägniert hat, oder einen Lappen, den man wochenlang liebevoll genuckelt hat: Jedermann weiß, daß diese Dinge nach einem Reinigungsverfahren, welcher Art es auch sei, jeglichen Wert verlieren.

Außerdem zeigen Eltern eine beklagenswerte Unfähigkeit, wenn es zu entscheiden gilt, was tatsächlich schmutzig oder sauber ist. Oft unterlaufen ihnen hier große Irrtümer. So bezeichnen sie alle Produkte des Körpers noch in ihrem allerreinsten Zustand als »schmutzig«. Auch eine gewisse Anzahl natürlicher und vollkommen harmloser Stoffe wie

Erde, Schlamm oder Sand gelten als »schmutzig«. Das gilt sogar für Lebensmittel von unbestreitbarer Qualität, wenn der Erwachsene sie anders als auf einem Teller vorfindet. Gleichermaßen negativ reagiert er auf gewisse Produkte, die offiziell hergestellt und im Handel verkauft werden. Tinte, Farbe oder Wagenschmiere sind hier als Beispiele zu nennen. Andrerseits gerät er angesichts der Sauberkeit eines Fliesenbodens in Verzückung, der nach Bleichlauge stinkt, oder angesichts eines Lappens, der mit Stärke verdorben ist.

Man darf sich von der Erziehung auf diesem Gebiet nicht zu viel erhoffen. Erklärt man seinen Eltern in klaren und einfachen Worten den Sinn dessen, was man ihnen abverlangt, dann darf man hoffen, ihr leidenschaftliches Reinigungsstreben ein bißchen zu bremsen, jedenfalls bezüglich der Dinge, auf die man selbst den größten Wert legt. Behindert man diese Art von irrationalem Verhalten jedoch allzu rücksichtslos, dann läuft man Gefahr, Angstreaktionen auszulösen und die Situation eher zu verschlimmern als zu verbessern. Man muß sich allermeistens damit bescheiden, die übelsten Schäden heimlich wiedergutzumachen und sich ansonsten nur dann fest und unnachgiebig zu erweisen, wo es um ganz empfindliche Dinge geht, die durch eine unpassende Reinigung ein für allemal kaputtgemacht würden.

Über die sonstigen Hygienemaßnahmen des täglichen Lebens gehe ich schneller hinweg. Väter und Mütter bedürfen einer gewissen Anzahl von Stunden zum Schlafen. Man sollte darauf achten, daß sie dazu kommen, und sie nachts nur in den dringendsten Fällen aufwecken, damit sie ihren elterlichen Verpflichtungen richtig nachgehen können. Die Augenblicke der Entspannung und des Spiels, die Vater und Mutter brauchen, sind zu respektieren, und sei es auch nur, damit sie die Euren achten. Ein kleines Mädchen, das seine Mutter bat, ihr eine Geschichte zu erzählen, bekam zur Antwort: »Ich kann nicht, ich hab' zu tun, aber geh in dein Zimmer spielen, ich werde dich von weitem lieb haben.« Die Kleine merkte sich die Lektion, und als ihre Mutter sie wenig später rief, um sie zu baden, da antwortete sie entsprechend: »Jetzt nicht, geh ein bißchen in dein Zimmer spielen, ich hab' dich so lange von weitem lieb.«

Eltern brauchen Bewegung und frische Luft. Selbst bei schlechtem Wetter muß man sie täglich ein Weilchen ausführen, andernfalls verkümmern sie.

Die Eßgewohnheiten
und die Kleidung der Eltern

Eltern essen dieses und jenes, manchmal ohne jede Vernunft und in unmäßigen Mengen. Es ist sehr schwierig, sie daran zu hindern. Das gilt um so mehr, als das Kind keinerlei Kontrolle über ihr Taschengeld ausüben kann. Außerdem verfügen sie über den Schlüssel zur Hausapotheke.

In der Tat ist der Handlungsspielraum des Kindes reichlich eingeschränkt. Manche greifen auf eine gefühlsbetonte Handlungsweise zurück, zum Beispiel jenes Töchterchen, das seinen herzkranken Vater mit Weinkrämpfen vom Rauchen abhalten wollte. Diese Methode hat aber den schweren Nachteil, eine Situation noch zu verschärfen, die an sich schon gespannt genug ist.

Andere behaupten (ich glaube, sie tun es mit gutem Grund!), daß Eltern weniger das Bedürfnis empfinden, sich mit allen möglichen toxischen Stoffen zu vergiften oder sich mit Nahrungsmitteln zu überfressen, wenn man dafür sorgt, daß sie in einer ruhigen und friedlichen Atmosphäre und in einer Umgebung liebevoller Zuneigung leben.

Das gute Einvernehmen des Elternpaares spielt in diesem Zusammenhang ebenfalls eine wichtige Rolle. Im Gegensatz zu der Überzeugung zahlreicher Kinder zeigen meine Statistiken, daß es für alle Beteiligten besser ist, wenn die Eltern sich gut verstehen. Viele Kinder haben den Eindruck, sie könnten sich der ausschließlichen Zuneigung eines Elternteils ihrer Wahl oder sogar beider versichern, wenn sie Zwietracht zwischen ihnen säen oder begünstigen ... Sie werden mit der Zeit aber feststellen, daß sie eine sehr lästige Eroberung gemacht haben. Der erbeutete Erzeuger, von seinesgleichen isoliert, wird nun selbst anspruchsvoll und eigenwillig und fordert schließlich viel zu viel Kraft und Zeit von seinem Kind, die es nicht mehr für seine normalen Beschäftigungen aufwenden kann. Es ist besser, wenn die Mamas und Papas gut in ihre Altersklasse integriert bleiben und sich ihre materielle und seelische Unabhängigkeit so weit wie möglich bewahren. So erhält man ihr seelisches Gleichgewicht besser, und sie können sich der Rauschgifte oder übermäßiger Fressereien besser enthalten, ohne sich allzusehr an ihr Kind zu klammern.

Mit der Garderobe verhält es sich so, daß die Eltern ihre Kleider nach ziemlich obskuren Kriterien auswählen. Oftmals putzen sie sich in lächerlicher Weise mit Sachen heraus, die weder praktisch noch bequem sind und deren ästhetischer Wert ebenfalls zweifelhaft erscheint. Fest steht, daß wir unmöglich mit letzter Sicherheit klären können, in welcher Absicht der Erwachsene sich anzieht. Deshalb halte ich es für klug, allenfalls mit größter Zurückhaltung einzugreifen und nur dann, wenn die Ausstaffierung von Müttern oder Vätern ganz und gar unpassend erscheint. Aus demselben Grund ist es besser, allzu abfällige Kommentare zu vermeiden.

Die elterliche Wohnung

Im allgemeinen bewohnen Eltern Häuser, die von unterschiedlichster Bauart sein können, oder sie leben in Teilen von Häusern, sogenannten Wohnungen, oder auch in Zelten, Wohnwagen, Höhlen, Fässern und auf Bäumen oder an Stellen, wo man es noch weniger erwartet. Kennzeichnend für die elterliche Wohnung sind aber, von einigen ganz seltenen Ausnahmen abgesehen, Unordnung, Schmutz, Verschwendung, Irrationalität. Die Eltern können nichts dafür; es handelt sich hier um einen typischen Zug der Spezies.

Eltern verwenden völlig falsche Ordnungssysteme, und sie klammern sich mit wunderlicher Halsstarrigkeit daran. Zum Beispiel pflegen sie Gegenstände der gleichen Art alle an einem einzigen Ort aufzubewahren. Damit steht eines fest: Wo immer sie sich gerade befinden, sie haben nie all die Dinge zur Hand, deren sie bedürfen. Jedes vernünftige Kind strebt danach, sich bald da, bald dort ein Lager anzulegen, das eine möglichst breite Palette nützlicher oder angenehmer Gegenstände umfaßt, um augenblicklich darüber verfügen zu können, wenn es den Wunsch empfindet. Eltern indessen verlieren Stunden, Tage, ja sogar Monate ihres Lebens, um in der Ferne Gegenstände zu suchen, deren sie bedürfen, und sie nach Gebrauch wieder zurückbringen. Die Unvernunft dieses Vorgehens tritt deutlich zutage, wenn man sich die unüberwindlichen Schwierigkeiten vergegenwärtigt, die sich für den Säugling oder das Kleinkind aus diesem Ordnungsprinzip ergeben. Sie bewegen sich auf allen Vieren oder durch Drehungen um die eigene Achse, folglich liegen die meisten Punkte des elterlichen Ordnungssystems zu hoch für sie, und sie sind gezwungen, andere

70

Personen zu beschäftigen, einzig und allein zu dem Zweck, sich den täglichen Kram aus seinen unerreichbaren Lagern holen zu lassen.

Ich kenne allerdings den Fall eines Vaters, der probiert hat, im Kreise seiner Familie vernünftigere Methoden einzuführen. Er legte die Dinge, deren er sich bediente, genau an der Stelle ab, wo er sie zuletzt benutzt hatte. Er hielt es nämlich für sehr wahrscheinlich, daß sie ihm an eben diesem Platz wieder dienlich sein könnten. Von seinem Sohn einmal abgesehen, zeigten jedoch alle Mitglieder seiner Familie das stumpfsinnigste Unverständnis, und sie bemühten sich unter fadenscheinigsten Vorwänden, seine Organisation durcheinanderzubringen.

Die Wohnung der Eltern ist oftmals schmutzig. Sie schütten dort alle Arten von durchdringend riechenden chemischen Erzeugnissen aus. Dies geschieht in der erklärten Absicht, die natürlichen Gerüche zu verändern oder auszuschalten. Für den Erwachsenen ist es desto »sauberer«, je mehr Bohnerwachs, Bleichlauge und Waschmittel im Haus sind.

Eltern versperren ihre Wohnung mit allen Arten von unnützen Gegenständen, die zudem uninteressant, häßlich und für den Verzehr nicht geeignet sind. Diese Dinge sind häufig sehr teuer, und sie werden auf Kosten nützlicher Sachen angeschafft. Der Wert unzähliger Tafeln Schokolade wird solchermaßen in chinesische Vasen, bronzene Plastiken, bunte Bilder, in Pendeluhren und andere Belanglosigkeiten investiert. Väter und Mütter spielen praktisch niemals mit diesem Zeug, aber sie legen unerbittlich großen Wert darauf. Man hat mir den folgenden Fall zugetragen: Ein Vater hatte die ganze Wand seines Wohnzimmers mit einem gläsernen Regal versperrt, das mit zerbrechlichen Gegenständen überladen war. Sie waren größtenteils vollkommen nutzlos, verursachten ihm aber unaufhörliche Sorge. Seine kleine Tochter wollte ihm zu Hilfe kommen, und es gelang ihr eines Tages mit übermenschlicher Anstrengung, das Regal mit seinem ganzen Inhalt zum Umkippen zu bringen. So machte sie mit einem Schlag diesen ganzen Plunder zunichte, der ihren Papa daran hinderte, sich seines Lebens in Ruhe zu erfreuen und sich im Wohnzimmer ungestört zu belustigen. Ob Ihr es mir glaubt oder nicht, als der Vater die Arbeit sah, erlitt er einen regelrechten hysterischen Anfall.

Es ist allem Anschein nach besser, wenn man die Eltern ihren Lebensstil nach ihrem eigenen Geschmack gestalten läßt, selbst wenn sie ihn völlig falsch organisieren. Man bescheide sich mit kleineren und behutsamen Eingriffen, und man führe sie aus, ohne die Aufmerksamkeit der Eltern allzusehr zu erregen, was diese ohnehin nicht zu würdigen wüßten. Auf diese Weise gelangt man oft dahin, im stillen für das Wohl der Eltern zu wirken, ohne daß man ihnen den Grund dafür nennen könnte. Man kann nur hoffen, daß sie die Dinge später verstehen und sich dankbar erweisen werden.

Das berufliche Leben der Eltern

Fast alle Eltern arbeiten, »um den Lebensunterhalt zu verdienen«, wie es heißt. Tatsächlich scheint es sich vorwiegend ums Geldverdienen zu handeln; denn das Leben wird allem Anschein nach durch die Arbeit eher gefährdet als »unterhalten«. Versuchen wir, ein bißchen tiefer in das einzudringen, was sich in Wirklichkeit abspielt.

Eltern verdienen also Geld, indem sie sich den größten Teil des Tages hindurch einer Tätigkeit widmen, die Arbeit, Beruf, Beschäftigung, Job oder sonstwie heißt, und sie tun das zuweilen sogar auf Kosten ihrer elterlichen Aufgaben. Sie versichern uns der Notwendigkeit und Unausweichlichkeit dieser Arbeit mit einer solchen Bestimmtheit, daß Kinder im allgemeinen geneigt sind, ihnen das abzunehmen, ohne Schwierigkeiten zu machen, ja sie nehmen sogar Rücksicht darauf.

Diese festgefügte Meinung wird jedoch von gewissen nonkonformistischen Geistern in Frage gestellt. Sie bemerken eine grundlegende Ambivalenz, wenn Vater und Mutter die Probleme der Arbeit und des Geldes beschwören, und sie glauben, man brauche hier, wie so oft, die Erklärungen der Eltern nicht buchstäblich zu nehmen.

Nehmen wir zum Beispiel die Sache mit dem Geld, das die Eltern angeblich für die Familie verdienen. Es kommt in der Tat vor, daß sie ihrem Ehepartner davon geben, manchmal freilich mit offenkundigem Widerwillen. Auch ihrem Kind geben sie unter Umständen etwas ab, aber stets sehr wenig. Dagegen verteilen sie ihre Mittel reichlich an eine ganze Reihe von Leuten, die man auf den ersten Blick niemals als zur Familie gehörig betrachten würde: an den Bäcker, den

Fleischer, den Milchmann, den Tankwart ... Immerhin geben einem diese Leute etwas, um zu zeigen, daß sie der Familie wohlgesonnen sind und das Recht haben, einen Teil dessen wegzuschaffen, was die Eltern verdient haben. Aber man gibt von dem Geld auch Leuten wie dem Arzt und dem Zahnarzt, die ihrerseits überhaupt nichts geben, sondern ganz im Gegenteil ein offensichtlich aggressives Verhalten an den Tag legen und so weit gehen, Euch Eure eigenen Zähne herauszureißen. Nun teilen Eltern ihnen das Geld nicht nur ohne Widerrede aus, obendrein danken sie ihnen auch noch. Man muß also annehmen, daß es sich hier um besonders wichtige Familienmitglieder handelt.

Der Löwenanteil des Geldes, das die Eltern verdienen, wird aber von weit entfernten Angehörigen der Familie beansprucht, die sich nicht einmal die Mühe machen, es abholen zu kommen. Sie schicken Papiere, die man Rechnungen, Kontoauszüge, Mahnungen, Quittungen, Zinsabrechnungen usw. nennt – und die Eltern zahlen! Für das, was man ihnen gibt, bringen diese Flegel keinerlei Dankbarkeit zum Ausdruck, und sie treiben ihre Unverschämtheit bis zu dem Punkt, daß sie noch mehr Geld fordern, wenn man sie bittet, ein wenig zu warten. Alles scheint darauf hinzudeuten, daß diese Unbekannten die allerwichtigsten Familienmitglieder sind.

Die nonkonformistischen Kinder, die es unternommen haben, die Probleme der elterlichen Arbeit zu untersuchen, sind zu dem Urteil gekommen, daß die geschilderte Situation unerträglich ist. Es erschien ihnen übertrieben, daß Vater und Mutter täglich acht bis zehn Stunden oder sogar länger von ihren elterlichen Aufgaben ferngehalten werden, und zwar ausschließlich zu dem Zweck, die unersättliche Geldgier von Leuten zu stillen, die man niemals gesehen hat und die einem als Gegenleistung bestenfalls ein kleines Stückchen Papier geben, das kaum ausreicht, um ein Schiffchen von bescheidener Größe daraus zu falten.

Schließlich sind diese Kinder zu der Folgerung gelangt, daß es besser wäre, sich die Eltern ganztags zu erhalten, sie also nicht zur Arbeit zu schicken, sondern sie besser an Ort und Stelle zu beschäftigen oder mit ihnen zu spielen. Infolgedessen tun sie, was in ihren Kräften steht, um Vater oder Mutter von unfruchtbaren Beschäftigungen abzuhalten. Vor allem wenn sie mehrere Väter und Mütter haben, gelingt ihnen das zuweilen in einem gewissen Maße. Das bringt sie im Vergleich zu den Kindern, die alle ihre Eltern arbeiten lassen, zweifellos in den Vorteil einer gewissenhafteren und besser über den Tag verteilten Bedienung. Aber man muß unbedingt auch feststellen, daß ihre Eltern dabei nicht notwendigerweise glücklicher sind.

Lautstark verkünden die Eltern ihre Abneigung gegen die Arbeit. Man hat jedoch den Eindruck, daß sie etwas Wesentliches davon haben, das sie sich nicht eingestehen wollen – zumindest scheinen sie es selber gar nicht zu wissen. Vielleicht ist die ganze Geschichte mit dem Geld, das es zu verdienen gilt, nichts als ein Vorwand. Damit wäre erklärt, warum es die Eltern, kaum ist es verdient, leichtfertig an alle möglichen Leute austeilen, wenn diese nur entschieden genug danach verlangen.

Es scheint also klar zu sein, daß die geheimen oder unbewußten Vorhaben bei weitem jene an Bedeutung übertreffen, zu denen Mütter und Väter sich offen bekennen. Der weitere Fortgang meiner Untersuchungen hat den Beweis dafür erbracht. Da gab es einen Vater, der Schauspiele inszenierte, um seinen Lebensunterhalt zu verdienen. Er erfand Stücke, suchte sich Schauspieler, bestellte Bühnenbilder und Kostüme. Er war unruhig und aufgeregt, kam zu den unmöglichsten Zeiten nach Hause und war zu gewissen Zeiten vollkommen unerreichbar. Hinsichtlich der schulischen Leistungen seines Kindes war er nicht weniger anspruchsvoll und verlangte ihm eine Gewissenhaftigkeit und Ernsthaftigkeit ab, die er selber kaum an den Tag legte.

Sein Sohn erwies sich eine Zeitlang als geduldig, dann aber, im Alter von 16 oder 17 Jahren, entschloß er sich, ihm eine Lehre zu erteilen. Es handelte sich um einen besonders aufgeweckten und intelligenten Jungen. Er wollte seinem Vater beweisen, daß man sehr gut Geld verdienen kann, ohne eine solche Unruhe zu verbreiten und seiner ganzen Umgebung die Freude am Leben zu verderben.

Er beschloß also, seine Studien aufzugeben und all seine Zeit der Teilnahme an verschiedenen Wettbewerben und Preisausschreiben zu widmen, die von Zeitungen und Rundfunkanstalten durchgeführt wurden. Der Junge war erfinderisch, er ging methodisch vor und wußte gut Bescheid, sogar so gut, daß es ihm mit der Zeit gelang, fast genausoviel Geld zu verdienen wie sein Vater. Weit davon entfernt, sich darüber zu freuen, war der zunächst überaus verwirrt. Sein Sohn begleitete ihn freiwillig zum Arzt, zum Psychologen und zum Psychiater, um über sein Problem zu diskutieren. Dem Vater wurde nun nach und nach bewußt, daß es ihm vor allem auf jenes unerklärliche Vergnügen ankam, das seine Arbeit ihm bereitete. Dieses Vergnügen bildete einen viel stärkeren Anreiz für ihn als das Geld. Allein das Schuldgefühl darüber, daß er an seiner Arbeit so viel Spaß hatte, ohne seine Familie daran teilhaben lassen zu können, erklärte seine schlechte Laune und seine Aufregung. Dasselbe Vergnügen an der Arbeit hätte er auch seinem Sohn gerne vermittelt, und nur deshalb trieb er ihn bei seinen Studien an. Nach dieser großen Klärung hellten sich die Dinge nach und nach in den Köpfen aller Beteiligten auf. Der Vater ging weiterhin seiner beruflichen Tätigkeit nach, die ihm bald Geld einbrachte, ihn bald welches kostete, und keiner machte ihm einen Vorwurf daraus. Der Sohn kehrte zu seinen Studien zurück und bestand glänzend die Aufnahmeprüfung an einer naturwissenschaftlichen Hochschule, heimste sein Diplom ein und machte eine großartige Karriere – als Schauspieler!

Ein Beweis dafür, daß er sich das Wesentliche an der väterlichen Botschaft vollkommen zu eigen gemacht hat. Was den Vater betrifft, so hat er gelernt, diese Botschaft auf verständliche Weise zu formulieren, nachdem sein Sohn ihm einmal beigebracht hatte, daß man das, was man in der Tiefe seines Herzens als wahr empfindet, unbedingt ernst nehmen und dazu stehen muß.

Andere Eltern ziehen nicht aus der Arbeit selbst einen Gewinn, sondern aus der Tatsache, *daß* sie arbeiten. Allein die Tatsache, daß sie »arbeiten« oder »bei der Arbeit sind«, verschafft ihnen Genuß. Ein Vater stürzte sich in seine Arbeit – eine verhältnismäßig mühselige Arbeit –, um sich vor einer besonders anstrengenden Gattin abzuschirmen. Ein anderer bediente sich eben dieser List, um sich vor jeder Gefälligkeit zu drücken, um die man ihn vielleicht hätte bitten können.

Auch an den Fall eines besorgten und seiner selbst wenig sicheren Vaters wäre dabei zu denken, der sich eigentlich nur in seiner Eigenschaft als Arbeiter und Ernährer der Familie respektiert und geachtet fühlte. So kam es dazu, daß seine Arbeit allmählich alle Bereiche des Familienlebens überwucherte.

Andere Eltern schützen ihre Arbeit vor, um sich ein paar Augenblicke des Alleinseins zu sichern, oder um fortgehen zu können, ohne Erklärungen abgeben zu müssen, oder um den Umgang mit Leuten pflegen zu können, den ihre Kinder mißbilligen könnten. Oft findet man als Ursache dafür ein starkes Bedürfnis, den Zwängen und der Disziplin der Familie zu entkommen. Ich glaube, daß es sich hier um einen vollkommen berechtigten und ebenso verständlichen Wunsch handelt, den die Eltern vollkommen offen eingestehen könnten. Aber es liegt nicht in ihrer Natur, irgend etwas mit rückhaltloser Offenheit zuzugeben. Wir haben ja gesehen, daß eine schöne Lüge ihnen immer wahrer vorkommt als die ganz einfache Wahrheit.

Denken wir auch an jene Eltern, die ihre Arbeit als Bollwerk gegen die Angst verwenden, die jeder Augenblick der Freiheit in ihnen weckt – denn es könnte ihnen ja irgend etwas zustoßen, sei es von außen oder, vor allem, von innen. In dieser Situation vermag das Kind seinen Eltern viel zu geben. Es kann sie in ihrer Festung aufsuchen und ihnen neue Horizonte eröffnen, indem es ihnen nahe bleibt und dadurch verhindert, daß ihre Angst sie überwältigt. Das Kind kann seinen Eltern auch beibringen, das Wagnis der Langeweile einzugehen, bis eine wirklich wertvolle Idee auftaucht.

Ein Kind braucht ganz gewiß Mut, um seine Eltern absichtlich bei der Arbeit zu stören und sich damit dem Vorwurf auszusetzen, ahnungslos, undankbar, unverantwortlich, respektlos usw. zu sein. Wenn der Eingriff jedoch gelingt, wird es durch das Aufblühen und die Fortschritte seiner Eltern für seine Bemühungen belohnt. Und welche größere Freude gibt es für die Seele eines liebevollen Kindes als das glückliche Lächeln eines Vater oder einer Mutter, die »Zeit haben«.

Es gibt dann noch den Fall wirklich geldgieriger Eltern, die es einfach nicht ertragen können, wenn ihre Zeit nicht vollkommen und rentabel ausgenutzt ist. In jedem Augenblick soll Geld entweder eingehen oder eingespart werden. An die Stelle all der schönen Dinge des Lebens ist bei diesen Eltern der bloße Geldbesitz getreten, und es ist schrecklich schwierig, sie dahin zu bringen, daß sie sich wieder auf einen ebenso einfachen wie primitiven Wertmaßstab besinnen. Aus den besten von ihnen werden jene reichen Eltern, die ihre Abwesenheit mit allen möglichen Geschenken auszugleichen suchen oder jemand anderen dafür bezahlen, daß er an ihrer Stelle die Arbeit der Eltern übernimmt.

Diese Verhältnisse sind oftmals sehr starr und bei der Ankunft des Kindes schon fest gefügt. Nur Kinder, die mit großer Entschlossenheit und einer gewissen Brutalität einzugreifen wagen, können nach meiner Erfahrung Ergebnisse erzielen. Ein richtiges Drama oder eine geschickt dramatisierte Situation vermögen dieses Gefüge unter Umständen ins Wanken zu bringen. Mir ist ein Fall bekannt, da hat ein Kind seinen Vater zugrunde zu richten versucht, um ihn zu zwingen, zum Trost neue Freuden zu entdecken. Ganz gewiß kann man aus dieser Idee einigen Nutzen ziehen, in dem erwähnten Fall jedoch hat der ruinierte Vater seine Geldsucht durch eine ebenso maßlose Alkoholsucht ersetzt ... Deshalb will ich meine Leser vor so heftigen Mitteln warnen; denn man läuft Gefahr, die Herrschaft über sie zu verlieren.

Vor allem darf man auch nicht glauben, es handle sich beim Berufsleben um eine ganz und gar negative Seite der Eltern. Vielmehr ist das Kind verpflichtet, in gewisse Opfer einzuwilligen, für die es auf der anderen Seite entschädigt wird. Der Beruf und die Arbeit gehören zum Privatleben der Eltern; sie geben ihnen die Möglichkeit, von ihrem Kind nicht vollkommen abhängig zu sein und sich später, wenn ihr Kind sie nicht mehr andauernd unterstützen kann, leichter umzustellen. Übrigens machen Eltern dabei die Erfahrung, daß ein Privatleben für das seelische Gleichgewicht unerläßlich ist, und sie werden daher eher geneigt sein, auch das Privatleben ihres Kindes zu achten.

Wir dürfen also den Schluß ziehen, daß die Arbeit von Vater und Mutter, richtig verstanden und maßvoll ausgeübt, ein Element in der Entwicklung ihrer Persönlichkeit ist und ein Mittel, das ihre Unabhängigkeit sichert und verhindert, daß sie rosten, wenn sich das Kind ihrer Dienste nicht mehr tagtäglich bedient.

Die Entwicklung von Vater und Mutter

Ist ein Kind bestrebt, seinen Eltern eine gute Erziehung zuteil werden zu lassen, dann besteht sein ehrgeizigstes Ziel darin, sie zu Erwachsenen zu machen. Wenige erreichen das wirklich. Eines der Haupthindernisse dabei ist die Ambivalenz der Eltern selbst im Hinblick auf ihren Wunsch, erwachsen zu werden.

In der Tat ist es der höchste Wunsch einer großen Zahl von Eltern, wieder Kind zu werden. Vom Zustand der Kindheit machen sie sich ein idyllisches Bild. Das Kind lebe in einer Welt ohne Sorgen und Verantwortung, denken sie, und es werde von der Liebe und Zärtlichkeit einer liebreichen und hingebungsvollen Umgebung getragen. Erinnerungen lassen sich aber niemals so vollständig verdrängen, daß Eltern ihren Glauben unversehrt aufrechterhalten können. Gerade durch ganz alltägliche Wendungen scheinen ihre Zweifel hindurch. Wenn ein Vater oder eine Mutter alt, aber nicht erwachsen geworden sind, sondern brummig, jähzornig, anspruchsvoll und egoistisch, dann sagt alle Welt, daß sie »in die Kindheit zurückgefallen« seien.

Vielleicht ist hier der Ort, um einige gebräuchliche Ausdrücke näher zu bestimmen. Es gibt junge und alte Kinder. Vom Zeitpunkt ihrer Pubertät an können sie Eltern werden, müssen es aber nicht. Manche werden nie Eltern. Allmählich werden sie große Leute. Gewisse große Leute werden erwachsen, andere werden einfach bloß alt. Alte große Leute können erwachsene Kinder haben. Die Lage ist, wie man sieht, außerordentlich verworren, und sie verdiente eine eigene Untersuchung.

Kurzum, es kommt darauf an, den Reifungsprozeß der Eltern nach Kräften zu fördern; denn tut man das nicht, werden aus ihnen einfach nur große Leute, die zunehmend altersschwach werden, aber niemals erwachsen. Es hat den Anschein, als machten sich diesen Teil der Erziehungsarbeit mit Vorliebe die heranwachsenden Kinder zu eigen. Es geht im wesentlichen darum, das erstarrte Gefüge zu erschüttern, in das der Erwachsene sich so gerne verkriecht, sobald man aufhört, ihn anzuspornen. Um den Eltern die Möglichkeit zu geben, sich die notwendige Beweglichkeit zu bewahren, macht sich das Kind also zur Quelle andauernder Schwierigkeiten in den Bereichen von Gefühl, Moral, Intellekt, Lebensunterhalt usw. Alle Schichten werden in Bewegung gebracht, umgestaltet und aufgelockert. Das ist eine riesige und kraftraubende Arbeit, die alle Willensstärke des Kindes erfordert. In sehr vielen Fällen ist es auch ein wenig enttäuschend. Denn in der Tat legen die Erwachsenen sich im allgemeinen keine Rechenschaft ab über die Mühe, die man sich ihretwegen gibt, und sie zeigen auch keinerlei Dankbarkeit. Es kommt vor, daß sie bockig werden oder sogar mit einer fast paranoiden Haltung reagieren. Nur Kinder, die bereit sind, sich voll und ganz einzusetzen, sollten diese undankbare Arbeit übernehmen.

Als Beispiel will ich hier den klinischen Fall einer sehr bürgerlichen und konventionellen Schweizer Familie berichten. Ihre Angehörigen waren allesamt im Eisenbeton unabänderlicher sozialer Formen gefangen. Verschlimmert wurde die Situation noch durch besonders starre Familientraditionen.

Der ältere von zwei Jungen, bis dahin ein Musterkind ohne offenkundige Probleme, entwickelte mit 15 Jahren eine schwere Anorexie (Magersucht) und mußte ins Krankenhaus gebracht werden. Die Ärzte verordneten ihm strengste Isolation, was das Verbot einschloß, mit seinen Eltern Kontakt zu pflegen.

Vater und Mutter waren von der Krankheit ihres Sohnes im höchsten Maße betroffen. Der Vater hielt sich noch enger an seine festgefahrenen Lebensgewohnheiten, aber die Mutter begann nachzudenken – und zu träumen. Ihr Nachdenken führte sie schließlich dazu, von der unerbittlichen Strenge der Familienstruktur Kenntnis zu nehmen. In der Tat war hier alles genauestens festgelegt: die Stellung und das Verhalten jedes einzelnen, die erlaubten Gesprächsgegenstände, die zulässigen Wünsche, ja sogar die (vegetarische und makrobiotische) Ernährungsweise. Mit den Träumen verhielt es sich so, daß die Mutter sie in zwei Klassen einteilen konnte: Es gab da Angstträume, in denen katastrophale Zerstückelungen und Verstümmelungen vorkamen, welchen ihre Kinder, besonders ihre beiden Söhne, zum Opfer fielen; daneben gab es zügellose erotische Träume mit besonders anstößigen Situationen und mit Partnern, die für eine so feine Dame höchst überraschend waren.

Es gelang der Mutter im Laufe des folgenden Jahres all ihre Entdeckungen allmählich zu bearbeiten, während ihr Sohn rasch seiner Genesung entgegenging.

Im Jahr darauf war er wieder vollkommen gesund und versuchte die Aufnahmeprüfung an einer bedeutenden französischen Schule. Er bestand sie glänzend und ließ sich für die Dauer seiner Studienzeit in Paris nieder.

Im gleichen Jahr zeigte der jüngere Sohn, der mittlerweile auch 15 Jahre alt war, eine zunehmende Abneigung gegenüber jeglicher Art von Betätigung. Vergnügungen strengten ihn nicht weniger an als das Lernen. Er litt an heftigen Migräneanfällen; während des ganzen Winters machte ihm eine Bronchitis zu schaffen, und im Sommer hatte er Ärger mit der Verdauung. Er blieb an drei von sieben Tagen im Bett, mied alle Kontakte und weigerte sich selbst während der Ferien, seinen Eltern von den Fersen zu weichen. Die Mutter brachte ihren Sohn zum Psychotherapeuten. Es geschah mit zögernder Zustimmung des Vaters, der es vorzog, am Rande des Geschehens zu bleiben. Der

Junge setzte der Behandlung höflichen, aber festen Widerstand entgegen. Er brachte es mit großem Geschick so weit, daß die Mutter nun ihrerseits eine Psychotherapie aufnahm, während die seine abgebrochen wurde.

Einige Zeit später kam der ältere Sohn wieder nach Hause, und es entstand zwischen den drei Männern der Familie ein stillschweigendes Bündnis mit dem Ziel, die Behandlung der Mutter zu fördern. Unter keinen Umständen erlaubten sie ihr, eine Sitzung zu versäumen. Wenn es erforderlich war, brachte ihr Ältester sie persönlich mit dem Wagen in die Stadt.

Der Vater begann seine Frau zu ermutigen, sich selbst ans Steuer zu setzen. Trotz ihrer Prüfungsangst schaffte sie den Führerschein. Anfangs begnügte sie sich damit, ihre Besorgungen im Dorf zu machen, dann begann sie sich immer weiter weg zu wagen und fand Spaß daran. Da beschloß ihr Mann, ihr ein eigenes Auto zu kaufen.

In der Zwischenzeit war der jüngere Sohn gesundheitlich so weit heruntergekommen, daß er dem Unterricht praktisch nicht mehr folgen konnte. Als die Situation endgültig auf dem toten Punkt zu sein schien, traf er plötzlich eine merkwürdige Entscheidung. Er beschloß, seine schulische Laufbahn aufzugeben und Koch zu werden wie ein weitläufiger Onkel mütterlicherseits, bei dem er während der Ferien zuweilen zu Gast war. Dieser war ein einfacher Mann, vergnügt und lebensfroh, und die steife kalvinistische Industriellenfamilie, die so sehr auf ihre gesellschaftliche Stellung bedacht war, verachtete ihn ein wenig. Übrigens wandte sich der Junge nicht an seinen Onkel, sondern er fand eine Lehrstelle in einem in der Umgebung gelegenen Hotel. Von jetzt an stand er täglich um fünf Uhr morgens auf, um bei jedem Wetter mit dem Mofa zur Arbeit zu fahren. Er hatte nie wieder Migräneanfälle, auch keine Erkältungen oder Verdauungsbeschwerden, und er blieb der Arbeit niemals auch nur einen einzigen Tag fern.

Die Mutter war anfangs über diese Wahl bestürzt, aber sie beruhigte sich allmählich. Sie sah, daß die Kinder ihrer immerwährenden Sorge nicht länger bedurften, und begann, sich auch einmal mit sich selbst zu beschäftigen. Dank ihres Wagens beweglich geworden, fuhr sie im Land umher und knüpfte eine überraschende Verbindung mit dem Inhaber ihrer Tankstelle an. Der offenbarte ihr, was ein sexuelles Leben sein kann, das diese Bezeichnung verdient. Trotz ihrem Abenteuer liebte diese Dame ihren Mann zärtlich. Sie hatte den Wunsch, ihn von ihrem neuen Wissen profitieren zu lassen, befürchtete aber, diesen eingefleischten Puritaner zu schockieren, der auf dem Gebiet der Sexualität immer die größte Zurückhaltung an den Tag gelegt hatte. Sie machte deshalb zunächst nur schüchterne Versuche; er war überrascht – aber angenehm. Von nun an setzten sie ihre Lehrzeit gemeinsam fort.

Die beiden Jungen spürten, daß ihre Eltern nicht mehr so ausschließlich von ihnen, ihrem Seelenzustand und ihrer Gesundheit abhängig, sondern allem Anschein nach auf dem besten Wege waren, ein aktives, vielfältiges und interessantes Privatleben zu führen. Sie redeten ihnen zu, eine Reise zu zweit nach Italien zu machen. Sie selbst genossen es, allein zu bleiben und erstmals in ihrem Leben für das Haus und die jüngeren Schwestern verantwortlich zu sein und die Erfahrung eigener Unabhängigkeit zu machen. Die Eltern willigten in den Versuch dieses »Abschlußexamens« ein und kamen sechs Wochen später glücklich und gebräunt zurück. Sie hatten ihr pädagogisches Reifezeugnis als graduierte Erwachsene in der Tasche.

Wie Eltern sich selbst sehen

Wir stellen fest, daß Eltern dazu neigen, sich ein reichlich gefälliges Bild von sich selbst zu machen. Die Väter sind die starken Beschützer, die Mütter sind selbstlos und unendlich liebevoll. Zwei volle Tage des Jahres sind dieser Selbstverherrlichung gewidmet: der Muttertag und der Vatertag. Bei diesen Gelegenheiten sind die Kinder gehalten, den Eltern allerlei Geschenke und Aufmerksamkeiten darzubringen.

Zeigen sie nur geringe Neigung, dieser Verpflichtung nachzukommen, dann werden Erwachsene dazu bestimmt, sie dabei zu beraten und anzuleiten.

Selbstverständlich ist die Zahl der Kinder groß, die wirklich zärtliche Gefühle für ihre Eltern haben und sie um nichts in der Welt an einem Tag enttäuschen wollen, an dem sie so sehnsüchtig darauf warten, Gegenstand der Verehrung zu sein. Auch bringen sie den Eltern die kleinen Geschenke und Blumen gerne dar, die sie so glücklich machen, und den Kindern selbst macht der Anblick ihrer einfältigen Freude Spaß.

Natürlich verfügt ein Kind nicht immer über genügend Zeit und Geld, um ein Geschenk herzustellen oder zu kaufen, das seine Eltern erfreut. Oft muß es Voraussicht und viel Phantasie beweisen. Ich kannte einen kleinen Jungen, der war fünf Jahre alt und hatte sich Monate im voraus eine Sparbüchse eingerichtet, um die Erwartungen seiner Mama am Muttertag zufriedenzustellen. Da seine Einkünfte äußerst gering waren, setzte sich sein Vermögen, als der Tag gekommen war, ausschließlich aus Ein- und Zweipfennigstücken zusammen. Er beabsichtigte, seine Einkäufe auf dem Heimweg vom Kindergarten zu machen; deshalb schüttete er das Ganze in seine Baskenmütze – eine damals sehr moderne Kopfbedeckung – und vertraute seinen improvisierten Geldbeutel für den Lauf des Vormittags der Kindergärtnerin an. Ein wenig überrascht, fragte die ihn, was er mit all den vielen Pfennigen zu tun gedenke. Der Junge teilte ihr seinen Plan mit und führte genauer aus, es handle sich bei dem als Geschenk ausgewählten Gegenstand um einen Tischtennisball, sogar um mehrere, falls seine Ersparnisse dies erlaubten. Dann fügte er hinzu und bewies damit zugleich einen kultivierten ästhetischen Sinn und eine hochentwickelte Kenntnis wirtschaftlicher Vorgänge: »Tischtennisbälle sind schön und nicht teuer.«

Manche Kinder glauben, man sollte der elterlichen Neigung zur Selbstbeweihräucherung nicht entgegentreten. Eltern brauchen das und ermutigen sich so, ihre Verpflichtungen noch besser zu erfüllen. Manche Kinder verstehen es sogar recht geschickt, mit ein und demselben Satz dem elterlichen Größenwahn zu schmeicheln und zugleich liebenswürdig klarzustellen, was daran vielleicht übertrieben sein könnte. So forderte ein kleines Mädchen seinen Vater eines regnerischen Tages auf: »Papi, stell die Sonne bitte an!«

Eltern lassen gerne durchblicken, daß sie alles wissen und auf alle Fragen alle Antworten wissen. Ob es sich um die Mechanik, die Geschichte, die Naturgesetze oder um irgend etwas anderes handelt, nichts entgeht ihnen. Sie machen sich gegenüber ihren Kindern sogar zu Vermittlern des Willens Gottes. Und wenn ein verdrießliches oder unverständliches Ereignis sie um eine Erklärung verlegen macht, dann erklären sie lieber, daß die Wege des Herrn unerforschlich seien, anstatt zuzugeben, daß sie außerstande sind, sie zu erforschen.

Einem Rabbiner war es gelungen, seinem kleinen Sohn ein ganz und gar ehrenvolles Bild von Gott zu vermitteln, aber er gab ihm, zweifellos um sein eigenes Ansehen zu steigern, zu verstehen, Gott halte ihn auch über die winzigsten Schritte auf dem laufenden, zu denen ihn die Umstände verleiteten. So kam es, daß die Moralgesetze sich mit Kochrezepten und anderen Einzelheiten der Hauswirtschaft vermischten. An gewissen Tagen war es verboten, das Licht einzuschalten oder den Telefonhörer abzunehmen; bei anderen Gelegenheiten sollte man kein Brot essen usw. All diesen offenkundig zweitrangigen Verboten entsprachen unverhältnismäßige Drohungen. Dieser Stand der Dinge erschien dem Jungen ziemlich merkwürdig, und er empfand eine große Ratlosigkeit. Seine Ratlosigkeit war um so größer, als er sich ein ziemlich günstiges Bild von Gott gemacht hatte und seinem Vater großes Vertrauen entgegenbrachte. Er beschloß, Gott auf die Probe zu stellen. Eines Freitagabends – der Zeitpunkt, auf den Gott offensichtlich all seine kleinlichen Forderungen konzentriert hatte – schloß er sich in das an den Flur angrenzende Arbeitszimmer ein, nahm sein Herz in beide Hände und machte das Licht an. Gott offenbarte sich mitnichten. Sicherlich, er konnte glauben, der Junge habe den Schalter aus Versehen angestoßen. Folglich mußte die Beweisführung weiter vorangetrieben werden. Er nahm den Telefonhörer ab und wählte klopfenden Herzens die Nummer der Zeitansage. Es donnerte nicht, auch bebte nicht die Erde, es gab nicht einmal eine simple Störung, wie sie doch zu gewöhnlichen Zeiten so häufig vorkam. Die Zeitansage gab ihm, als wäre nichts geschehen, die genaue Uhrzeit an. Der Junge wollte keinerlei übereilten Schluß daraus ziehen und verhielt sich wochenlang abwartend, immer der Katastrophe gewärtig. Aus Liebe zu seinem Vater wünschte er sie beinahe. Aber so ganz allmählich mußte er sich von den Tatsachen überzeugen lassen. Es würde keine Katastrophe geben, einmal abgesehen von dem Schaden, den die Glaubwürdigkeit seines Vater genommen hatte. Gott dagegen hatte sich eher mit Gewinn aus der Affäre gezogen. Sein

Verhalten war nicht kleinlich und zänkisch gewesen, sondern er hatte sich entschieden verständnisvoll und freundschaftlich gezeigt. Der Junge benötigte Jahre und ein hohes
Maß an Zuneigung, um zu verstehen, was seinen Vater so
weit gebracht haben konnte, Gott eine so engherzige
Haltung zuzuschreiben. Dann erst konnte er ihm die ganze
Geschichte erzählen, ohne seine Empfindungen zu verletzen, und er brachte ihn recht und schlecht dazu, das Weltbild
seines Sohnes anzuerkennen.

Die Aufgaben der Eltern

Einer alten Legende zufolge hat Gott die Eltern geschaffen, damit sie dem Kind treu und hingebungsvoll dienen. Die Vorstellungen hinsichtlich der elterlichen Aufgaben haben sich im wesentlichen nicht verändert, wohl aber haben die Theorien über die Abstammung von Vater und Mutter allerlei Entwicklungen durchlaufen.

Gewisse Leute behaupten, die Eltern stammten vom Affen ab. Die Ähnlichkeit ist zweifellos verblüffend, aber es besteht auch eine gewisse Ähnlichkeit mit dem Kind. Zahlreiche andere Forscher halten daran fest, daß die Eltern vom Kind abstammen, und sie untermauern das mit glänzenden Beweisen. Andere versichern uns, ebenfalls auf der Grundlage gediegener Argumente, das Kind stamme von den Eltern ab. Die beiden offensichtlich vollkommen gegensätzlichen Behauptungen können mit Hilfe eines besseren Verständnisses der Eigenheiten von Raum und Zeit vielleicht eines Tages miteinander versöhnt werden. Wie dem aber auch sei, der Streit hält an, und es ist beim jetzigen Stand der Dinge nicht möglich, sich verbindlich zu erklären.

Aber kommen wir auf die elterlichen Aufgaben zurück. Man hat sich durch die Tatsachen davon überzeugen lassen müssen, daß es sich bei der Hingabe und Fügsamkeit, bei der Treue und Liebe der Eltern nicht um Aufgaben handeln kann, denn diese Dinge kann man nicht verlangen. Sicherlich ist das Kind zu der Hoffnung berechtigt, daß ihm seine Eltern, wenn es sie mit Liebe und Respekt behandelt, ihrerseits genauso begegnen. Unter Aufgaben verstehen wir aber etwas sehr viel Einfacheres und Handgreiflicheres.

Zuallererst besteht die Aufgabe des Vaters darin, es so einzurichten, daß sein Samen im richtigen Augenblick und an die richtige Adresse geliefert wird. Die Mutter hat die Aufgabe, eine Zusammenkunft herbeizuführen zwischen dem Samen und der Eizelle, die sich freiwillig zur Verfügung gestellt hat. Dabei gilt es darauf zu achten, daß die Zusammenkunft unter behaglichen Bedingungen vonstatten geht.

Die nächste Aufgabe besteht darin, dem Feten Wohnung, Unterkunft, Heizung und Transport zu sichern. Der Dienstleistungsvertrag soll sich auf die gesamte Dauer beziehen, die für das Ausreifen des Feten erforderlich ist. Nach bewährtem Brauch beträgt diese Zeitspanne im allgemeinen neun Monate. Ausnahmen können indessen vereinbart werden, wenn die Umstände es erfordern. Bis zur Geburt wird diese Aufgabe in der Hauptsache von der Mutter übernommen. Die Qualität der Dienstleistung hängt jedoch weitgehend von der mehr oder weniger sachkundigen und pünktlichen Mitarbeit des Vaters ab.

Nach der Geburt ist es unerläßlich, daß irgend jemand dieses Amt noch eine Zeitlang weiter ausübt. Das müssen nicht unbedingt die Eltern sein. Sie haben ein Streikrecht, und es kommt vor, daß sie ablehnen und ihre Stellung preisgeben, sei es freiwillig oder gezwungenermaßen.

Man kann also davon ausgehen, daß die elterlichen Funktionen im engeren Sinn des Wortes im Augenblick der Geburt erlöschen. Dennoch haben wir folgendes festgestellt: Es ist für alle Seiten besser, wenn Vater und Mutter ihre Aufgaben freiwillig noch eine Zeitlang über diese Frist hinaus wahrnehmen. Die Verlängerung des elterlichen Funktionierens hängt, wie ich meine, wesentlich davon ab, ob das Kind von allem Anfang an vernünftigen Gebrauch von seinen Eltern macht. Eltern »einzufahren« ist eine heikle Angelegenheit: Man muß darauf achten, daß ihnen nichts abgeht, und man sollte sie schonend behandeln, sie nicht über ihre Leistungsfähigkeit hinaus fordern und umgehend Untersuchungen anstellen, wenn irgend etwas nicht zufriedenstellend läuft. Gut gepflegte Eltern funktionieren ohne Schwierigkeiten und erweisen sich als praktisch unverwüstlich. Natürlich darf man jetzt nicht folgern, sie hielten ewig! Aber wenn sie einmal nicht mehr funktionieren, dann ist im allgemeinen nicht Abnutzung die Ursache, sondern ihr Erlöschen.

Eltern haben noch eine weitere und komplexere Aufgabe: Sie dienen als Ansaug- und Auflösungsfilter.

Diese Funktion besteht darin, daß sie, als Filter für die Familienpathologie, deren Wirkungen von Generation zu Generation weitergegeben werden, möglichst viel von diesem Erbe absorbieren und auflösen.

Es gibt gute und schlechte Filter. Die guten Filter sichern dem Kind eine verhältnismäßig gut geräumte Startbahn. Die schlechten halten so gut wie nichts zurück und lassen die Pathologie massiv zur Wirkung kommen; das Kind tritt seine Reise dann mit einer ernsthaften Benachteiligung an, und es muß seine Chancen sorgsam abwägen, bevor es sich darauf einläßt, geboren zu werden.

Natürlich darf man nicht hoffen, die Aufeinanderfolge guter Filter könne eine Familie von jeglicher Pathologie befreien. Im Laufe eines jeden einzelnen Lebens passiert genug, um wieder einen gewissen »Vorrat« davon aufzubauen. Ein wirksamer Filtriervorgang erlaubt es jedoch jeder neuen Generation, das Leben mit guten Erfolgsaussichten in Angriff zu nehmen, während aufeinanderfolgende schadhafte Filtriersysteme ein Geschlecht so sehr vergiften können, daß es schließlich erlischt.

Auch diese Aufgabe muß im wesentlichen vor der Geburt, ja vor der Empfängnis erfüllt werden. Nach der Geburt könnte man aber von Wiedergutmachung als von einem Filtriervorgang sprechen, und die vermögen auch andere Leute als die Eltern zu leisten.

Diese Tatsache ist von einer jungen Frau sehr klar beobachtet worden. Ihr war es nach einer mehr als stürmischen Jugend gelungen – sie war schon über die 30 hinaus –, sich zu festigen und eine lange Folge selbstsüchtiger Verbindungen zugunsten einer Liebesheirat abzubrechen. Kurze Zeit danach war sie schwanger und suchte den Psychoanalytiker, bei dem sie einige Jahre zuvor in Behandlung gewesen war, wieder auf. Sie wollte mit ihm gemeinsam eine Reihe von Problemen wieder aufnehmen und versuchen, sie vor der Geburt des Kindes zu lösen. Sie war mit vollem Recht der Ansicht, dies sei mindestens ebenso wichtig wie die Vorbereitung der Wiege und der Babywäsche.

Nun folgt eine Fallgeschichte, die ich über mehrere Generationen hinweg verfolgen konnte. Sie gewährt einen guten Einblick in die Filterfunktion der Eltern.

Die Frauen dieser Familie durchlebten von Generation zu Generation Situationen der Verlassenheit und erlegten ihrerseits ihren Kindern dasselbe Schicksal auf. Kernpunkt der Krankheitsgeschichte dieser Frauen war die Angst, verlassen zu werden, und die Unfähigkeit, wirklich für ihre Kinder da zu sein. Sie hatten eine große Angst davor, die Liebe der anderen nicht erlangen und auch selbst nicht lieben zu können.

Die erste dieser Frauen, von der wir etwas wissen, war Frau P. Es ist uns bekannt, daß sie drei Töchter hatte und um 1890 in sehr jungen Jahren Witwe wurde. Zu dieser Zeit war es undenkbar, daß eine bürgerliche Frau arbeitete, Frau P. mußte sich deshalb mit gewaltigen finanziellen Schwierigkeiten herumschlagen. Dann heiratete ihre älteste Tochter, und kurz darauf starb die zweitälteste an Tuberkulose. Gisela war die Jüngste, sie war damals 15 Jahre alt. Frau P. vermochte sich nur einen einzigen Ausweg aus ihren Schwierigkeiten vorzustellen: Sie verheiratete Gisela an einen wohlhabenden Vetter. Er war zu dieser Zeit 32 Jahre alt, und das junge Mädchen empfand keinerlei Gefühle für ihn.

Gisela war also mindestens dreimal verlassen worden: von ihrem Vater, der tot war, von ihrer Mutter, die sie um ihrer beider Lebensunterhalt willen einem älteren Mann überlassen hatte; und sie war von dem Partner verlassen worden, den sie sich vorgestellt hatte und den sie hätte lieben können. Schließlich war sie auch von ihrem Mann bis zu einem gewissen Grad im Stich gelassen worden, denn er hatte sich sein Leben schon vor seiner Ehe weitgehend eingerichtet, und daran änderte er nicht viel, als er sich verheiratete.

Gisela bekam dann in drei Jahren drei Kinder, zwei Mädchen und einen Jungen, und sie wurde schwer krank. Die zweite Tochter, Katharina, war ein blasses, anfälliges Kind und hing sehr an ihrer Mutter. Als diese ins Sanatorium mußte, vertraute sie deshalb nur die zwei anderen Kinder ihrer älteren Schwester an, während sie Katharina mit sich nahm. Sie war wirklich sehr krank, man hatte sie bereits aufgegeben, und sie war deshalb völlig außerstande, sich mit ihrem Töchterchen zu beschäftigen.

Die kleine Katharina mit ihren zweieinhalb Jahren verbrachte mehrere Monate in Schrecken und Verlassenheit. Sie schlich auf den Korridoren des Krankenhauses herum, während ihre Mutter hinter verschlossenen Türen im Sterben lag. Ärzte und Krankenschwestern unterhielten sich in den Seitennischen mit todernster Miene oder eilten mit blutiger Wäsche und komplizierten Apparaten die Gänge entlang.

Die Mutter hatte das Kind schonen wollen, aber es hatte nun alles verloren: den Vater, die Mutter, Bruder und Schwester, sein Zuhause. Als die Situation ganz und gar unhaltbar wurde, schickten die Ärzte Katharina zu ihrem Vater zurück. Dieser hatte seinen Kindern niemals viel Aufmerksamkeit geschenkt und fühlte sich nun vollkommen ratlos. Er stellte eine Haushälterin ein, die er sich noch nicht einmal genauer ansah. Das Unglück wollte es, daß Fräulein B. psychisch krank war und eine Schwester hatte, die, ebenfalls krank, in einer psychiatrischen Anstalt untergebracht war.

In der Zwischenzeit hatte sich Gisela wider Erwarten von ihrer Krankheit ein wenig erholt. Sie traf im Sanatorium einen jungen Architekten, die beiden fanden Gefallen aneinander und verliebten sich. Gisela verlangte die Scheidung. Ihr Mann, der darüber sehr verbittert war, willigte nur unter der Bedingung in die Scheidung ein, daß die Kinder bei ihm blieben und es der Mutter verboten war, sie zu sehen. Dies war eine sehr schwierige Entscheidung für Gisela. Sie willigte schließlich in die Bedingungen ihres Mannes ein, war jedoch fest entschlossen, sich nicht daran zu halten.

Die Kinder blieben nun zehn Jahre lang bei ihrem Vater unter der Obhut von Fräulein B. Der Vater war so gut wie nie daheim, er war viel unterwegs und hatte kaum Kontakt mit seinen Kindern. Fräulein B. nahm sie jeden Sonntag in die psychiatrische Klinik mit, wo sie ihre Schwester besuchte. An jedem Tag der Woche aber stand Gisela vor der Schule, in einer verhängten Droschke, damit niemand sie erkennen konnte. Auf dem Weg von der Schule nach Hause fuhr sie neben den Kindern her und unterhielt sich mit ihnen durch das Fenster. Auch hatte sie sich mit dem Hausarzt der Familie in Verbindung gesetzt, der sie über alles, was die Kinder betraf, auf dem laufenden hielt. Sie lebte jetzt in einem schönen Haus und war glücklich verheiratet. Außerdem führte sie ein reiches und produktives berufliches Leben, was in jener Zeit für eine Frau etwas sehr Seltenes war. Es war ihr unerträglich zu sehen, wie unglücklich ihre Kinder waren. Als ihre älteste Tochter alt genug war, um selbst Entscheidungen zu treffen, wagte sie unter Vermittlung des Hausarztes, den widerrechtlichen Auszug der drei

Kinder vorzubereiten, die ihr zweiter Mann mit offenen Armen aufzunehmen bereit war.

So kehrten die Kinder eines Tages nicht von der Schule nach Hause zurück, sondern gingen zu ihrer Mutter. Fräulein B. erlitt einen Anfall von Wahnsinn. Sie bedrohte den Hausarzt mit einer Pistole, und der mußte – vom Erdgeschoß – aus dem Fenster springen, um sein Leben zu retten. Der Vater unternahm überhaupt nichts, um die Kinder wiederzugewinnen. Sie sahen ihn niemals wieder und sie erfuhren auch nicht, wann und wo er starb. Sie waren von ihm also vollkommen und massiv im Stich gelassen worden.

Von jetzt an führten Gisela und ihr neuer Mann ein sehr glückliches Leben, das durch die Kinder noch reicher und vielfältiger geworden war; sie alle wuchsen, jedes auf seine Art und in seinem Gebiet, zu bemerkenswerten Persönlichkeiten heran.

Gisela hatte also getan, was in ihren Kräften stand, um einen Teil der Verlassenheit und Angst, die auf der Familie lasteten, herauszufiltern. Sie hatte überlebt und war nicht, wie ihr Vater, gestorben. Es gelang ihr, sich ein warmes Zuhause zu schaffen und ihre Kinder, zu denen sie den seelischen Kontakt nie verloren hatte, darin einzubeziehen. Der Preis, den das gekostet hatte, jedoch war hoch, und die drei Kinder waren gezeichnet von dem, was sie durchgemacht hatten, vor allem Katharina.

Katharina griff also, wie übrigens auch ihr Bruder und ihre Schwester, die Arbeit des Filtrierens wieder auf, die ihre Mutter begonnen hatte. Nach einer ängstlichen und ein wenig zurückhaltenden Jugend war sie mit 20 Jahren zu einer vergnügten und sehr bewunderten jungen Frau herangewachsen. Sie begann eine von Erfolg gekennzeichnete Berufskarriere, ging eine Liebesheirat ein und hatte eine Tochter namens Maria. Ihr ganzes Leben lang unterhielt sie zu ihrem Mann und ihrem Kind eine ganz besondere

Beziehung: Sie sorgte einige Monate lang aufs zärtlichste für sie, und dann verreiste sie für mehrere Monate, soweit es nur eben ging, um zu arbeiten. Währenddessen war sie von Schuldgefühlen gepeinigt, und der Gedanke entsetzte sie, sie wäre zu wirklicher Liebe vielleicht gar nicht fähig; auch hatte sie Angst, ihr Mann und ihre Tochter könnten ihr schließlich böse sein und sie eines Tages ganz ablehnen.

Dann kam sie zurück und überschlug sich förmlich, um ihrer Familie Freude zu machen. Sie bezauberte jedermann – und reiste wieder ab. Sie war das Musterbeispiel einer Mutter, die wie ein Komet plötzlich auftaucht und wieder verschwindet, aber sie war auch ein sehr wirksamer Filter. Obwohl sie immer wieder verschwand, wußte sie ein Familienleben aufrechtzuerhalten, das von Stetigkeit, Zärtlichkeit und Sicherheit gekennzeichnet war. Die Beziehung zu ihrem Partner war innig und liebevoll genug, so daß er fähig war, für ihr Kind da zu sein, wenn sie selbst dazu nicht in der Lage war.

Katharinas Tochter wuchs nun ihrerseits heran. Sie heiratete und bekam eine Tochter, Susanne. Maria hatte unter dem zeitweisen Verschwinden ihrer Mutter gelitten, aber diese hatte ihr doch genügend Sicherheit gegeben, so daß sie ihre Angst nach und nach bis zu einem gewissen Grad durch Wut ersetzen konnte. Das gelang ihr jedoch nicht vollständig; sie blieb sehr lange von ihren Eltern abhängig und war unfähig, von zu Hause wegzugehen. Als sie sich verheiratete, übertrug sie ihre seelische Abhängigkeit von den Eltern auf ihren Mann und konnte es um nichts in der Welt ertragen, von ihm getrennt zu sein.

Nach Susannes Geburt zeigte sich eine merkwürdige Entwicklung: Maria hatte bis dahin immer mit ihrem Mann zusammengearbeitet, aber zwei Jahre nach der Geburt nahm sie eine unabhängige Arbeit auf, die es erforderlich machte, daß sie an zwei Tagen in der Woche von zu Hause abwesend war – Susanne blieb mit ihrem Vater und wechselnden jungen Betreuerinnen, die mehr oder weniger freundlich und tüchtig waren, zurück. Dieses Arrangement wurde fast zehn Jahre lang beibehalten, mit seinem ganzen Gefolge von Schuldgefühlen, Verstimmungen und Unbehagen. Susanne entging der Angst nicht völlig, aber es gelang ihr, ihrer Unzufriedenheit mit wachsender Kraft und Deutlichkeit Ausdruck zu verleihen.

Dieser Situation wurde ein Ende gesetzt, als Maria eines Tages einen Onkel von ihrer Absicht in Kenntnis setzte, ihre Beschäftigung aufzugeben und eine andere – in einer anderen Gegend – anzunehmen. Der Onkel rief mit betrübter Miene aus: »Kannst du denn keinen Augenblick ruhig bei deiner Tochter bleiben? Muß das denn sein, daß du ihr das Gleiche antust, was deine Mutter dir angetan hat?« Maria erlitt einen Schock und gab ihre Reisen auf. Aber auch sie hatte ihren Teil an der Filtrierarbeit geleistet. Susanne hat noch keine Kinder; was aber von den Problemen der jungen Witwe von 1890 noch übriggeblieben ist, liegt jetzt in ihren Händen.

Ich habe bei dieser Geschichte den pädagogischen Gesichtspunkt vernachlässigt, um dadurch den Mechanismus des Filtrierens besser hervorzuheben. Jedes der kleinen Mädchen dieser Familie hat versucht, mit den ihm zu Gebote stehenden Mitteln auf seine Mutter einzuwirken. So haben sie Schritt um Schritt eine Mutter nach der anderen dazu gebracht, zur Kenntnis zu nehmen, was ein menschliches Wesen braucht, um Lebenslust und Lebensfreude zu empfinden. Keine hat ihren Posten verlassen, nicht einmal Gisela, die allerdings nahe daran war, als sie mit 20 Jahren fast gestorben wäre.

Die Erziehungsmittel

Alles oder fast alles kann bei der Erziehung der Eltern als Erziehungsmittel eingesetzt werden, vorausgesetzt, man macht den richtigen Gebrauch davon. Jedes tierische, pflanzliche oder mineralische Objekt – die belebte und unbelebte Natur – kann pädagogische Botschaften übermitteln.

Gleichwohl gibt es ein Mittel der Wahl, denn das Kind hat es sozusagen immer zur Verfügung: Ich rede von seinem eigenen Körper. Es handelt sich dabei um ein anschauliches und anpassungsfähiges Mittel, zudem legen die Eltern den größten Wert darauf, und sie sind in dieser Beziehung sehr empfindlich. Der Körper macht es übrigens auch möglich, den keuschen Ohren junger Eltern gewisse Ausdrücke zu ersparen, die allzu derb und direkt wären und ihre Empfindsamkeit verletzen könnten. Mit dem Verdauungsapparat kann man taktvoll und prägnant Botschaften zum Ausdruck bringen, die sich, in die gesprochene Sprache übersetzt, etwa so anhören: »Du fällst mir auf den Wecker!« oder »Du kotzst mich an!« Mit den Atmungsorganen läßt sich sagen: »Du nimmst mir die Luft weg!« oder »Du ziehst mir die Haut ab!«

Kaum angedeutete Symptome genügen, um aufmerksame Eltern wieder zur Ordnung zu rufen: wiederholtes Aufstoßen oder vorübergehende Durchfälle, kleine Pickelchen oder eine leichte Erkältung. Manche Eltern sind freilich besonders schwerfällig und zwingen das Kind, nachdrücklich auf seinem Standpunkt zu beharren und körperliche Anzeichen hervorzubringen, die ihm selbst gefährlich werden können.

Nun muß man auch zugeben, daß es Kinder gibt, die

Geschmack am Dramatischen finden. Sie wählen mit Absicht laute und spektakuläre Mittel, denen sie vor bescheideneren Aktionen den Vorrang geben.

Im folgenden berichte ich über eine besonders schwierige Erziehung. Sie wurde unter anderem mit vielfältigen körperlichen Mitteln durchgeführt und endete unglücklicherweise mit einem halben Fehlschlag. Es handelt sich um einen kleinen Jungen, der ganz allein die Last eines schwierigen Vaters und einer schwierigen Mutter auf sich genommen hatte. Die Mutter war hyperängstlich und tyrannisch, der Vater autoritär, eigensinnig, ungeduldig und verschlossen. Darüber hinaus verstanden sich die beiden überhaupt nicht, und es hatte den Anschein, als machte es ihnen Vergnügen, sich gegenseitig zu ärgern. Das Kind mußte also mit der Feindschaft dieser beiden schwierigen Persönlichkeiten arbeiten und dabei immer den charakterlichen Besonderheiten jedes einzelnen Rechnung tragen.

Von der Wiege an wollte der Vater seinen Sohn durch eine derbe und rücksichtslose Behandlung »abhärten«. Für die Mutter reichte allein schon diese Absicht aus, um das Kind mit ängstlicher Sorge zu umgeben. Beim kleinsten Windzug und der geringsten Entbehrung ängstigte sie sich sehr um den Jungen. In der ersten Zeit war sie diejenige, die sich durchsetzte, und das Kind verbrachte die ersten Jahre seines Lebens eingemummelt und gemästet wie eine Gans. Mit wiederholtem Schnupfen und einigen leichten Erkältungen nahm es den Erziehungsprozeß auf; es wollte seiner Mutter die Vergeblichkeit ihrer übertriebenen Fürsorge vor Augen führen. Es war verlorene Liebesmühe. Der Junge mußte sich also eindeutiger äußern. Er produzierte wiederholt Halsentzündungen, eine Reihe von Mittelohrentzündungen und schließlich, nach mehreren Monaten nutzloser Anstrengungen, hatte er Asthma. Außerdem revoltierte sein Verdauungskanal gegen die überreichliche und viel zu gehaltvolle Nahrung, die er oben und unten wieder von sich gab.

Das überfütterte Kind nahm an Gewicht fast nicht zu und blieb in der Größe unter dem Altersdurchschnitt zurück. Die Mutter wollte ihre Niederlage nicht eingestehen und bestand hartnäckig darauf, ihr zerbrechliches und schmächtiges Kind, das der Arzt wenigstens einmal in der Woche besuchte, zu hegen und zu pflegen. Im Laufe der Zeit reagierte der Vater auf die Umtriebigkeit seiner Frau zunehmend mit übler Laune, denn die schwierige Entwicklung des Kindes ließ deren Wirksamkeit doch eher in einem fragwürdigen Licht erscheinen. Er stellte fest, daß ihre Methoden wenig erfolgreich und darüber hinaus sehr teuer waren. Als sparsamer Bauer drehte er den Pfennig zweimal um, bevor er ihn ausgab, und er blickte mit scheelen Blicken auf die Unsummen, die für ebenso vielfältige wie nutzlose Kuren und Behandlungen verschleudert wurden.

Der Junge begriff, daß sein Erzeuger jetzt reif war, um in Aktion zu treten. Nachdem er die erste Runde seiner Mutter zugestanden hatte, fand er, daß nun der Vater an der Reihe wäre. Bis dahin war er ein kränkliches und schwächliches Kind gewesen. Jetzt begann er groß und dick zu werden. Er aß ungeheure Mengen und verschlang mit Genuß, was seine Mutter bis dahin mit Gewalt in ihn hatte hineinschieben müssen. Mit sieben bis acht Jahren wurde er schlichtweg fettsüchtig. Es war, als hätte er seine Mutter zur Zwangsarbeit verurteilt und seinem Vater eine Geldstrafe auferlegt.

In der Tat strickte, kochte und nähte die Mutter von früh bis spät, um seinen Bedürfnissen nach Kleidung und Nahrung nachzukommen. Und was den Vater betrifft, so mußte der nun weit mehr Geld aufwenden als vorher für den Arzt und die Medikamente. Dieses Mal zeitigte die Behandlung Wirkung. Der Vater beschloß, dieses kostenintensive Kind rentabel zu machen, und ließ den Jungen ungeachtet des mütterlichen Einspruchs im Garten und auf den Feldern arbeiten.

Der Junge zeigte Geschmack an der Feldarbeit und an

körperlicher Anstrengung ganz allgemein. Mit seiner Gesundheit ging es in eindrucksvoller Weise bergauf. Der Mutter bereitete dies anfänglich Freude, die sich aber allmählich in Verdruß verwandelte. Es war vorauszusehen, daß sie binnen kurzem eine weitere Maßnahme riskieren würde. In Voraussicht des Unvorhersehbaren schuf der Junge sich eine Reserve: er blieb fettleibig. Zugleich gab er damit seinem Papa zu verstehen, daß er keinen totalen und endgültigen Sieg davongetragen habe. Der Vater wollte ja, daß sein Sohn ein harter Bursche würde. Das Ergebnis übertraf alle Hoffnungen. Das furchtsame und folgsame Kind wurde zu einem aggressiven, gerissenen Strolch, der munter alle Regeln und Konventionen verletzte, ausgenommen das elfte Gebot: »Du sollst Dich nicht erwischen lassen.« In der Tat war seine Beteiligung an sämtlichen im Dorf begangenen Missetaten allgemein bekannt, aber niemals erwiesen. Er trieb es so weit und so schlimm, daß das Ansehen der Familie Schaden zu nehmen begann, sehr zum Nachteil des Vaters, der eine bedeutende Rolle in der Gemeindeverwaltung spielte. Die Mutter zog daraus ihren Nutzen, indem nun sie die Dinge wieder in die Hand nahm: Dieses Kind sei im Begriff, ein richtiger kleiner Wilder zu werden, und es sei höchste Zeit, ihm eine angemessene Erziehung zu geben; sie schickte den Jungen daher ins Klosterstift in der Stadt. Der Junge tat, was in seinen Kräften stand, um diese heikle Situation auszubalancieren und jedem der beiden Eltern das Maß an Genugtuung zu gewähren, dessen er so dringend bedurfte: Er wurde also ein glänzender Schüler, aber ein unglücklicher Kollegiat. Im Internat tröstete er sich mit den Kuchen und Konfitüren, die seine Mutter für ihn bereitete, und während der Ferien arbeitete er im elterlichen Garten, wo er ein wenig von seiner Lebensfreude wiedergewann.

Da er ein Einzelkind war, lag die volle Last dieses äußerst schwierigen Elternpaares allein auf seinen Schultern. Er hatte all seine Kraft geopfert, um es zu erhalten und ihm Lebenshilfe zu gewähren – in der Phase der Ablösung stand er daher mit völlig leeren Händen da, sowohl im Hinblick auf seine Eltern als auch auf sich selbst. Der Junge ging als einer der Besten aus einer großen Verwaltungsschule hervor, aber er fühlte die Verpflichtung, seinen beruflichen Ehrgeiz nur auf bescheidene Posten auszurichten, um seinen Vater nicht durch seine Karriere zu erdrücken, denn dieser hatte sein ganzes Selbstvertrauen auf seine Stellung in der Gemeindeverwaltung gegründet.

Übrigens blieb seine Mutter immer die einzige Frau in seinem Leben. Er begnügte sich mit der Gesellschaft von Männern, meist mittelmäßigen Typen, die er geringschätzte und im wesentlichen wie Domestiken hielt. Er sehnte sich unaufhörlich nach dem Kind, das er nie haben würde, und hegte lebenslang die Hoffnung, eines Tages doch noch die Mithilfe einer Frau zu gewinnen, die ihm ein Kind geben und dann von der Bildfläche verschwinden würde.

Die Eltern entwickelten sich unausweichlich auf ein verdrießliches und zänkisches Alter zu, ohne größere Krisen, aber auch ohne jede echte Befriedigung.

Zum Abschluß dieses Kapitels noch eine Bemerkung über die Erziehungsmittel: Es ist ganz offensichtlich ratsam, die Mittel den Fähigkeiten, dem Alter und dem Entwicklungsrhythmus der Eltern anzupassen. Erweist es sich, daß eine Methode schlecht ausgewählt ist und Mutter oder Vater nicht fähig sind, den gewünschten Gebrauch davon zu machen, dann muß man sie auszuwechseln verstehen und darf nicht stur darauf beharren. Andererseits ist auch davon abzuraten, diesen oder jenen Typ von Erziehungsmitteln sofort zu verwerfen, weil die Eltern sich beim Begreifen seiner Nutzanwendung als ein wenig schwerfällig erweisen. Man läuft dann Gefahr, sie kopflos zu machen und mißtrauisch im Hinblick auf alles, was ihnen in der Folge vorgeschlagen wird.

Kurze Literaturübersicht

Soviel ich weiß, ist der Gegenstand dieses Buches als solcher noch niemals behandelt worden. Viele Werke behandeln das Thema indessen indirekt. Hier und dort in der Literatur kann man Hinweise auf die angewandte Elternpädagogik entdecken, aber es ist schwierig, sie zu einer kohärenten Theorie zusammenzufügen.

Eine ganze Reihe von Werken können wir ohne weiteres streichen. Sie sind von großen Leuten geschrieben und Kindern zugedacht. Diese großen Leute sind wahrscheinlich selbst niemals Kinder gewesen und können auf die Bezeichnung »Erwachsene« kaum Anspruch erheben. Sie betrachten jede auf die Eltern bezogene pädagogische Maßnahme als wahre Freveltat. Die von ihnen geschaffenen Figuren sind – zweifellos wie sie selbst – für jede Belehrung gänzlich unempfänglich. Eine der berühmtesten und zugleich weitschweifigsten Vertreterinnen dieser Klasse ist die Comtesse de Ségur. In ihren Romanen entwickeln sich schematische Figuren in einer zerstrittenen Welt, deren Erlebnisse sich immer in vollkommener Harmonie mit der zu ihrer Zeit gültigen Moral abspielen. Keiner in diesen Büchern stellt sich je in Frage.

Andere große Leute, mögen sie nun erwachsen gewesen sein oder auch nicht, haben geahnt, daß hier ein Problem liegt, das sich nicht leichthin behandeln läßt. Folglich haben sie beschlossen, der Sache lieber auszuweichen, als sie voreilig anzupacken. Ihre Figuren sind Feen, Heinzelmännchen, Riesen und Zwerge, Puppen oder auch Waisen, verlassene Kinder und Tiere, die von man weiß nicht woher auftauchen. Diese Wesen sind aller pädagogischen Sorgen ledig, das Problem stellt sich ihnen gar nicht. Man könnte unzählige Geschichten dafür anführen, beim gestiefelten Kater angefangen bis hin zur kleinen Meerjungfrau. Und natürlich dürfte man die Hobbits dabei nicht vergessen.

Selbst ein Autor wie Mark Twain, der mit den Problemen, die uns so sehr beschäftigen, viel besser vertraut gewesen ist, war gelegentlich imstande, sie auszuklammern. Ich denke an »Tom Sawyer« und »Huckleberry Finn«. Der eine war Waise, der andere war von seinem Vater verlassen worden.

Das reichhaltigste Material kommt uns aus den Büchern zu, die Kinder jeden Alters geschrieben und anderen Kindern jeden Alters zugedacht haben. Ich begnüge mich damit, die erstbesten Namen zu nennen, die mir gerade einfallen: Charles Dickens, Alan Alexander Milne, Marc Bernard, Erich Kästner, Robert Desnos, Thomas Mann, Jules Renard, Romain Rolland, nochmals Mark Twain, mancher Autor englischer Nursery Rhymes und viele andere.

Wie so oft bilden auch hier wieder Romanschriftsteller und Künstler die Vorläufer. Ihre Empfindsamkeit hat sie dahin geführt, ein wesentliches Gebiet zu erforschen, das die Wissenschaft bis zum heutigen Tage vernachlässigt hat.

Eine gewisse Anzahl von Wissenschaftlern jedoch beginnt jetzt, sich für die Frage zu interessieren. Hier wären die Namen Ferenczi, Dolto, Winnicott, Melanie Klein, David Cooper und einige andere zu nennen. Ich meine, bei ihnen wahrgenommen zu haben, daß sie unbefangen auf die Kinder hören, wenn sie sich auch mächtig anstrengen mußten, sich in einer Sprache auszudrücken, die für große Leute verständlich ist.

Schlußbetrachtung

Ich schließe dieses kleine Werk, ohne das Thema auch nur im entferntesten erschöpft zu haben. Im Hinblick auf die Erziehung der Eltern ist die Theorie über die allerersten Anfänge noch nicht hinausgekommen, und in der klinischen Betrachtungsweise sucht man noch den Blickwinkel, unter dem die Phänomene zu sehen und das Handwerkszeug, mit dem sie zu bearbeiten sind. Andererseits entgehen die Beobachtungen und Kommentare, welche die Embryos und Säuglinge quasi ganzheitlich machen, dem Verständnis derer fast vollständig, die nur die gesprochene und geschriebene Sprache verstehen. Nun ist aber dieser Beitrag unersetzlich, denn er betrifft einen ganz wesentlichen Zeitabschnitt in der Entwicklung der Eltern.

Ich kann hier also nicht mehr tun, als Euch an ein paar allgemeinen Überlegungen teilnehmen zu lassen und in willkürlicher Reihenfolge ein paar Fragen aufzuzählen, auf die ich mit der Zeit gestoßen bin.

Was die erzieherische Haltung ganz allgemein betrifft, so bin ich zu der Überzeugung gelangt, daß Eltern nichts so sehr brauchen wie Aufrichtigkeit und guten Willen. Ich glaube, man sollte Eltern niemals belügen, unter keinem Vorwand, nicht einmal um ihre Empfindsamkeit zu schonen oder ihnen Freude zu machen. Dies ist um so schwieriger, als Eltern um Lügen gelegentlich geradezu zu betteln scheinen. So ist es zum Beispiel schwierig, der Versuchung zu widerstehen, für Vater und Mutter das Kind zu spielen, das sie sich angeblich wünschen (und sie glauben das sogar aufrichtig), selbst wenn dieses Kind eine ganz unwahrscheinliche, unzusammenhängende und gar nicht lebensfähige Fiktion ist. Manche Kinder sind auf diese Weise dazu gebracht worden, sich in Teddybären, Puppen, Hunde oder Katzen zu verwandeln, in ein weises Tier oder eine wilde Bestie, sie sind zum Richter oder zum Opfer geworden und manchmal auch zu einem Gegenstand des täglichen Gebrauchs. Ich kenne einen kleinen Jungen, der versucht hat, sich in der Rolle einer Zahnbürste zu verstecken. Andere haben so getan, als ob sie ihr Geschlecht gewechselt hätten oder als hätten sie gar keines.

Ich glaube, daß dieses übermäßige Entgegenkommen ein Fehler ist und einer Täuschung der Eltern gleichkommt. Sie wissen schließlich nicht mehr, wo sie sich befinden, und sie verlieren die Fähigkeit, zwischen innerer und äußerer Realität zu unterscheiden. Dies ist aber das Gegenteil des angestrebten Ziels. Man muß in der Tat befürchten, daß solchermaßen behandelte Eltern lebenslang von ihrem Kind abhängig bleiben und keinerlei persönliche Richtlinien zu entwickeln vermögen.

Hier denke ich an den Fall eines kleinen Jungen, der sich als folgsamer Sohn seinem Vater gegenüber voller Bewunderung und seiner Mutter gegenüber ergeben und hilfsbereit zeigte. Er war 40 Jahre alt, als sein Vater starb, und hatte einen Beruf, den er nicht selbst gewählt hatte. Er leitete jetzt ein Unternehmen, dessen Struktur der Pathologie des Vaters entsprach, und obwohl er selbst Direktor war, war er auch weiterhin vor allem der Sohn seines Vaters. Nach dem Tod des Vaters zog die Mutter zu ihm und seiner Familie. Jetzt war für seine Frau kein Platz mehr da. Sie ergriff die Flucht in der Hoffnung, er werde versuchen, sie wiederzugewinnen. »Das Kind« jedoch, durch seine Mutter und drei kleine Jungen behindert, rührte sich nicht. Die Erziehung seiner Mutter schien also ernsthaft gefährdet. Aber »das Kind« bemerkte schließlich, daß es im Begriff war, sich und die Seinen in einer Falle gefangenzusetzen. Es versuchte sein Geschäft in einer Weise neu zu strukturieren, die ihm besser entsprach, und entging mit knapper Not dem Konkurs. Es gewann eine neue Frau, nachdem die erste die Geduld verloren hatte, und es kaufte seiner Mutter in einem anderen Stadtviertel eine kleine Wohnung. Für diese alte Dame mit ihren 60 oder 65 Jahren ist also noch nicht alles verloren: Sie kann ihren Reifungsprozeß vielleicht fortführen und unter Umständen sogar erwachsen werden.

Es ist wichtig, die Eltern nicht zu belügen, das heißt jedoch nicht, daß man jederzeit und über jeden x-beliebigen Gegenstand mit ihnen sprechen könnte. Brutale Enthüllungen und Erklärungen zur ungelegenen Zeit können heftige aggressive, ablehnende, unter Umständen auch depressive Reaktionen auslösen. Manchmal werden sie einfach nur überhört.

Es kommt also darauf an, den Augenblick und die Art des Vorgehens gut zu wählen, und gelegentlich muß man einer Enthüllung, die besonders schwer zu akzeptieren ist, eine gute Vorbereitung vorausgehen lassen. Ideal wäre natürlich, wenn man niemals eine Erklärung geben müßte, bevor die Eltern beginnen, ihrerseits Fragen zu stellen. Das ist jedoch nicht immer möglich; manche Eltern sind so verschüchtert, daß ungeklärte Situationen sich zu verewigen drohen. Ich führe hier das Beispiel einer jungen Engländerin an. Sie war 16 Jahre alt, hatte einen Schatz und nahm die Pille. Der Vater hatte alles verstanden, aber er wagte nichts zu sagen. Die Mutter merkte nichts. Dieses Mädchen erzog seine Eltern mit großer Zärtlichkeit und beschloß schließlich, das Erforderliche zu tun, um die Situation zu klären und zwischen den Familienmitgliedern wieder freimütige Beziehungen herzustellen. Es ging schrittweise vor. Zuerst ließ es die Rezepte herumliegen, auf denen die Pille verschrieben war. Als nächsten Schritt ließ es die Verpackung offen herumliegen. Nachdem es das Terrain solchermaßen vorbereitet hatte, ging es zum Frauenarzt seiner Mutter und vertraute sich ihm an. Dies war ein vollständiger Schlag ins

Wasser, denn der Doktor hielt sich streng an die ärztliche Schweigepflicht. Das junge Mädchen ließ ein paar Wochen verstreichen, dann sprach es das Problem bei seiner Mutter offen an und forderte sie auf, wahrzunehmen, was sich vor ihren Augen abspielte. Ein verdienter Erfolg krönte diese überlegte und liebevolle Maßnahme. Der Freund wurde in der Familie empfangen, und gemeinsam bereiteten Eltern und Kinder den Umzug der beiden jungen Leute in eine eigene Wohnung vor.

Die Erziehung zur Unabhängigkeit ist ein besonders wichtiger Abschnitt in jeder den Eltern zugedachten Erziehung.

Wenn der Säugling die jungen und angesichts der neuen Situation eher rat- und fassungslosen Eltern bei sich aufnimmt, versorgt er sie zugleich mit einer sehr dankbaren Rolle, einer dauerhaften Beschäftigung, einem bescheidenen, aber sicheren Einkommen (in Ländern, die Kindergeld gewähren), einem Zeitvertreib und einer angenehmen Abwechslung. Langsam beruhigen sich Vater und Mutter, sie richten sich in ihrer neuen Funktion ein und strukturieren ihr Leben im Hinblick darauf neu. Sie blühen auf und gewinnen an Selbstvertrauen (manche entwickeln sogar eine autoritäre Haltung), und sie machen sich mit Sachverstand und dem offenkundigen Gefühl ihrer Nützlichkeit und ihres Wertes eine ganze Menge um das Kind zu schaffen. Wenn alles gutgeht, können die Eltern im Verlauf dieser Phase ihrem Kind außerordentlich viel Befriedigung verschaffen.

Aber diese positive Entwicklung wird von einer wachsenden Abhängigkeit begleitet. Die Eltern organisieren ihr ganzes Leben um das Kind herum, sie stützen sich immer mehr auf ihr Kind, sie leben und denken auf das Kind hin, ja sie definieren sich selbst im Hinblick auf das Kind. Kurzum, sie werden »Familienmütter« oder »Familienväter«.

Für das kleine Kind stellt es noch kein allzu großes

Problem dar, mit der Abhängigkeit seiner Eltern fertigzuwerden, denn ihm bleibt immer noch genügend Zeit, seinen eigenen Beschäftigungen nachzugehen. In dem Maße jedoch, in dem es selbst größer wird und sein eigenes Leben ihm mehr abverlangt, kann es seinen Eltern nicht mehr so viel Kraft und Zeit opfern wie zuvor. Es ist zu wünschen, daß sich der Übergang fortschreitend vollzieht, ohne Brutalität, mit sanfter Entschlossenheit, so daß Mutter und Vater sich sicher fühlen können, zugleich aber auch gezwungen werden, die Veränderung, die sich vollzieht, zur Kenntnis zu nehmen. In der Tat ist jetzt der Augenblick für sie gekommen, sich ins Leben zu stürzen. Während dieser Phase tut man gut daran, all das ganz besonders zu fördern, was den Eltern bei der Entwicklung ihrer eigenen Persönlichkeit helfen kann: den Beruf, künstlerische, kulturelle, sportliche, möglicherweise politische Aktivitäten wie auch den regelmäßigen Umgang mit Altersgenossen. Man muß ihren Unternehmungsgeist loben und Interesse an allem zeigen, was sie selbst zustandegebracht haben. Man muß sie ermutigen, allein auszugehen, und keinesfalls kontrollieren, was sie bei solchen Gelegenheiten tun. Man kann sie auch zu kleinen Reisen anregen, sei es mit ihrem Partner, mit Freunden oder auch ganz allein.

So können die Eltern zunehmend dahin gebracht werden, nicht länger auf Kosten ihres Kindes, sondern an seiner Seite zu leben, ein eigenes Lebensziel, eigene Ideen und ihre eigene Lektüre zu haben, Ablenkungen und Vergnügungen zu pflegen, die ihnen ganz persönlich entsprechen, ihre schöpferischen Fähigkeiten zu entwickeln – lauter Dinge, über die sie mit ihrem Kind von gleich zu gleich reden können.

Die Zukunft der Eltern hängt vom guten Gelingen dieser Erziehungsphase ab. Ihre Aussichten, richtig erwachsen zu werden – hier stehen sie wirklich auf dem Spiel.

Den Rhythmus zu finden, der jedem, Vater und Mutter,

entspricht, ist Sache des Kindes. Übergroße Eile schließt die Gefahr ein, daß bei den Eltern das Gefühl aufkommt, nicht anerkannt, sondern abgelehnt oder nicht geliebt zu werden. Dann werden sie bitter, enttäuscht, aggressiv und klammern sich doch immer verzweifelter an das Kind, von dem sie sich verlassen fühlen. Sie werden sich niemals zu Erwachsenen entwickeln, sondern an Ort und Stelle versauern. Solche Eltern werden zu mürrischen und unglücklichen Greisen, anspruchsvoll und unerträglich für sich selbst wie für andere. Macht sich das Kind dagegen eine zu langsame und zurückhaltende Gangart zu eigen, dann richten die Eltern sich in ihrer Abhängigkeit gemütlich ein wie in einem weichen Nest, und sie leben, anscheinend behaglich, ein beschränktes, unnützes und steriles Leben. Solche Eltern bleiben bis an ihr Ende eine Last für ihr Kind.

Jedes Kind hat seine ganz persönliche Art und Weise, die Eltern zu behandeln, doch kann man den Versuch unternehmen, einige extreme Erziehungsstile zu beschreiben, die in der Praxis im allgemeinen in etwas abgemilderter Form anzutreffen sind. So kann man von einem Kraftmeier-Stil sprechen. Er wird von Kindern angewandt, die ihre Eltern im Geschwindschritt führen und ihnen weder Zeit lassen, Luft zu holen, noch die Muße, sich Illusionen hinzugeben. Dieser Erziehungsstil erfordert seitens des Kindes eine große Autorität, ein schnelles und sicheres Urteil und die exakte Einschätzung der Fähigkeiten und der Widerstandskraft seiner Eltern. Ferner gibt es die impressionistische Schule. Ihre Anhänger gehen nuancenreich und wie mit leichten Pinselstrichen vor, bereiten jede Phase langwierig vor und lassen die Eltern die Folgerungen stets selber ziehen. Der phlegmatische Erziehungsstil verbindet eine gewisse Kraftmeierei mit der impressionistischen Geduld und Freizügigkeit.

Meine kurze Studie läßt viele Fragen unbeantwortet, andere konnten nicht einmal formuliert werden. Einige seien an dieser Stelle erwähnt:

- Mit Hilfe welcher Unterscheidungsmerkmale könnte man genauer festlegen, was ein Kind ist, was Eltern sind oder große Leute, wer erwachsen, alt oder jung ist?
- In der Natur gibt es vielfältige Mischformen, Menschen, die zum Beispiel erwachsen und jugendlich zugleich, alt und kindlich, Eltern und große Leute oder Kinder und Eltern in einem sein können. Wie läßt sich dieses Problem besser studieren?
- Es scheint festzustehen, daß der Unterschied zwischen Vätern und Müttern sich nicht auf die Abweichungen in der äußeren Form beschränkt. Wie lassen diese Unterschiede sich genauer bestimmen?
- Sind Gott oder die Götter von Kindern oder von Eltern erfunden worden? Oder ist die Frage umgekehrt zu stellen?
- Warum sterben Eltern selbst dann, wenn sie offenkundig keine Lust dazu haben?
- Es gibt bezüglich der Eltern verschiedene Mythen, genauso wie es ganz allgemein höchst verwickelte familiäre Beziehungen gibt. Vielleicht könnten sie gewisse elterliche Haltungen erhellen, die auf den ersten Blick kaum verständlich erscheinen. Wie kommt man hier weiter?
- Warum haben die Eltern eine so große Bedeutung für das Kind, selbst wenn sie schwach und haltlos, ernsthaft gestört, nicht mehr zu gebrauchen oder sogar bösartig sind?
- Ein interessantes Kapitel könnte den Spielen der Eltern gewidmet werden. In der Tat spielen Väter und Mütter außerordentlich viel und im allgemeinen mit großem Ernst. Man muß nur sehen, mit welch ernster Miene sie Bridge oder Schach spielen, es sich in einem Direktions-

sessel bequem machen, neben sich die Sekretärin, die jedes Wort aufschreibt, oder wie sie sich ans Lenkrad ihres Wagens klammern. Ob Vater seine Partie Boule spielt oder im Justizpalast sein Plädoyer hält, ob er einen Nagel in die Wand schlägt oder die Seiten eines Buches mit kleinen Zahlen bedeckt, man tut nicht gut daran, ihn zu stören, auch wenn es sich um die allerwichtigsten Angelegenheiten handelt. Er ist dann taub und blind für alles und jeden, und manche gehen sogar so weit, ihr Kind eher zu schlagen, als ihr Spiel zu unterbrechen.

– Eine eigene Untersuchung könnte den Spielzeugen der Erwachsenen gewidmet werden. Bestimmte Spielzeuge regen ihre intellektuellen Möglichkeiten oder ihre Geschicklichkeit an, hingegen halte ich andere ganz entschieden für gefährlich oder schädlich.

– Man hat interessante Erfahrungen mit künstlichen Eltern gemacht, die aus den unterschiedlichsten Materialien hergestellt worden sind; es würde genügen, sie zu programmieren, und man müßte sie nicht erziehen. Eine ernsthafte Diskussion der hierzu vorliegenden Ergebnisse ist unbedingt erforderlich. Was uns, die beiden Autorinnen dieses Buches, betrifft, so sind wir dieser Forschungsrichtung gegenüber äußerst zurückhaltend eingestellt. Wir haben den Eindruck, daß natürliche Väter und Mütter, selbst wenn sie von anfechtbarer Qualität sind, dem Kind trotz allem größeren Anreiz bieten. Das gilt, ob sie abwesend oder anwesend, tot oder lebendig sind.

Wir vertrauen auf unsere Leser und zählen darauf, daß sie diese Liste offener Fragen auf der Grundlage ihrer eigenen Forschungen vervollständigen und erste Antworten auf die bereits gestellten Fragen beibringen werden.

Als mein kleines Werk schon im Druck war, erreichte mich das interessante Buch von Gilbert Rapaille *Comprendre ses Parents* (»Seine Eltern verstehen«). Ich kann eine Arbeit nicht mit Stillschweigen übergehen, die von ganz ähnlicher Sorge getragen ist wie die meine. Rapaille interessiert sich, wie mir scheint, ganz besonders für eine Gruppe von Kindern, deren Aufgabe äußerst schwierig ist: die Heranwachsenden. Jedoch können Kinder jeden Alters das Buch mit großem Gewinn lesen.

Nachwort

Dieses Buch wendet sich an Kinder, sein Titel weist darauf hin, aber ich empfehle es den Jugendlichen und Erwachsenen. Und sollte es noch mehr Eltern geben, die wie ich auf der Höhe der Zeit sein wollen (und ich habe dieses Buch genial gefunden), dann wette ich, daß sie durch diese Familiengeschichten Seite für Seite dorthin gelangen. Wer dieses Buch liest und darüber nachdenkt, wird großen Gewinn davon haben, nicht zuletzt den, daß es ihm Spaß machen wird. Wer dieses Buch verschlingt und dann zuklappt, hat die Kraft wiedererlangt, wie Kinder über tragikomische Familienverhältnisse zu lachen, die hier meisterhaft in Szene gesetzt sind. Er wird wieder der sein, an den die Autorin sich mit ihrem Buch wendet, und als solcher vielleicht neue Hoffnung schöpfen, die unzureichende Erziehung seiner alten Eltern oder schwierigen Großeltern doch nochmals aufnehmen zu können (siehe Seite 54).

Wie alt der Leser auch sein mag: Amüsiert er sich gut, dann muß er – ungeachtet der erzieherischen Sackgassen, in die man einander hineinzulocken versucht hat – seinen Eltern dankbar sein für die neue Erfahrung, die ihm dieses Buch vermittelt und die ihm einen Ausweg aus einer offenbar verzweifelten Situation erlaubt. Hellsichtig geworden, wird das Kind begreifen, daß der gute Wille seiner schwierigen Eltern Grenzen hat, die durch Erfahrungen ihrer Kindheit mit den eigenen Eltern vorgegeben sind – mit den Großeltern, die ihrerseits genauso Erben ihrer Vorfahren waren.

Den Eltern wiederum wird klar werden, welche Anstrengungen ihre Kinder unternehmen, um sie zu erziehen, und

zwar gerade durch das, was sie, die Eltern, als Sorgen
bezeichnen, die ihnen die Kleinen machen. Sie werden diese
mehr oder weniger ungeschickten kindlichen Erzieher dann
nicht mehr »undankbar« nennen.

Jedermann wird gleich mir Jeanne Van den Brouck
dankbar sein, daß sie uns an ihren unvergleichlichen
Erfahrungen als Psychoanalytikerin (als solche von ihrem
Onkel beeinflußt) und als Künstlerin (hierin ist sie die
Tochter ihrer Mutter) großzügig und taktvoll teilhaben läßt
– und dies mit einem Humor, der bei Psychoanalytikern zu
selten ist, als daß man sich daran nicht ganz besonders
freuen würde.

Dies ist kein Rezeptbuch (so etwas gibt es, wie jedermann
weiß, in der Pädagogik nicht), sondern ein nachdenkliches
Buch voll tiefer Weisheit, vielleicht sogar voll unbewußten
Nachdenkens, unter der bewußt erlebten Schicht des
Lesevergnügens. Es handelt sich um ein Buch der ange-
wandten Wissenschaft, jener Wissenschaft vom Menschen,
als welche die Psychoanalyse verstanden werden will; sie
wird auf phantasierte Abenteuer angewendet, welche
gleichwohl so reale Folgen haben, Folgen, die uns im Lauf
unseres Lebens zustoßen, uns, die wir aus Fleisch und Blut
und einander durch die Kette der Vererbung verbunden
sind, wie auch durch die Sprache, die aus Worten besteht,
aber auch aus dem Körper und dem Verhalten.

Ob unsere Eltern uns mögen oder nicht und umgekehrt,
ob sie leben oder dahingegangen sind: Hier finden wir den
Schlüssel zu jener geheimen Kammer, in die wir unsere
verhöhnten Zärtlichkeiten verschlossen haben, jene in der
Familie erfahrene Liebe, die wir zuvor als Streit oder als
bittere Forderungen, ja sogar als Haß erlebt haben, was für
viele von uns so schmerzlich ist.

Dies ist ein Buch voller Geschichten, und deshalb ist es,
wie ich schon sagte, ein Buch für uns alle; man sollte es allen
Feten vorlesen, die (wie wir glauben) bequem im Bauch

ihrer Mutter untergebracht sind; vorlesen sollte man es auch allen kleinen Kindern, die noch nicht zur Schule gehen und des Lesens unkundig sind. Für die Großen, die sich aufs Lesen schon verstehen, genügt es, das Buch irgendwo im Haus herumliegen zu lassen. Es erlaubt einen wirklichen Gedankenaustausch zwischen Angehörigen verschiedener Altersklassen – seien es Berufserzieher oder Verwandte –, und insofern ist es den sogenannten Aufklärungsbüchern für dieses oder jenes Alter, die der besseren Kommunikation zwischen den Kindern und ihren Eltern und Lehrern dienen sollen, weitaus überlegen. Jeder wird sich beim Blättern in diesem Buch selbst wieder finden – mit jener Distanz, die ein Lächeln, ein Mitfühlen oder auch das offene Lachen ermöglicht.

Die Erwachsenen werden die unbewußten Ursachen für die Lücken in ihrem Bewußtsein hinsichtlich ihrer Vorfahren oder ihrer Eltern verstehen. Diese Lücken sind die Ursache ihrer gegenwärtigen Schwierigkeiten mit ihren Eltern, die sie nicht zu erziehen verstanden, und mit ihren Kindern, die sie aus eben diesem Grund nicht zu erziehen verstehen. Sie werden sich von diesen wiederholten Fehlschlägen freigesprochen fühlen, die so niederdrückend sind und ihren guten Willen so sehr auf die Probe stellen. Die Kinder werden entdecken, wie man sich dieser Aufgabe rechtzeitig annimmt, mit Bedacht, mit Verstand und Herz, ohne sich nach Art der Erwachsenen in Mittel zu verbeißen, die bei ihren Eltern unwirksam und für sie selber gefährlich sind.

Dieses Buch kommt zum richtigen Zeitpunkt. Dank seiner wird schließlich das berühmte Gebot »Du sollst Vater und Mutter ehren« mit seinem wahren Sinn erfüllt werden, der jedem menschlichen Wesen in seinem Innersten gebietet, für sich selbst verantwortlich zu werden, sobald es vernünftig geworden ist und das heiratsfähige Alter erreicht hat, und seine Eltern zu entlasten, ohne zu erwarten, daß sie es jemals verstehen – eine Erwartung, die so außerordentlich viel Energie erfordert, sowohl bei den »erwachsenen« Kindern als auch bei jenen, die nicht über das Pubertätsalter hinauswachsen und sich gelegentlich noch mit 70 Jahren wie Heranwachsende benehmen. Die Kinder werden verstehen, daß es eine Illusion ist, darauf zu warten, daß ihre Eltern sie in die Freiheit entlassen, denn die befürchten – kleinmütig wie sie sind –, ihre Kinder würden, sobald sie ihrer Vormundschaft entsprungen sind und ihre eigenen Erfahrungen machen, noch mehr als sie selbst an einer Gesellschaft leiden, vor der sie Angst haben. Denn diese Gesellschaft weckt eine uralte Angst in ihnen, eine Lebensangst, die sie von ihren Großeltern und Urgroßeltern ererbt haben. Diesen traumatisierten und Kinder gebliebenen Großeltern und Urgroßeltern können sie im Grunde ihres Herzens nicht das geringste Leid antun. Nun kann aber Erziehung nicht gelingen, ohne daß man denen gelegentlich weh tut, die man zu erziehen hat. Seine Eltern ehren heißt nicht, ihnen immer Freude zu machen, ganz im Gegensatz zur Annahme vieler in kindlicher Abhängigkeit befangener Menschen. Diese Abhängigkeit hält das großgewordene Kleinkind in der Illusion gefangen, die Eltern zu lieben sei der Schlüssel zum Glück für sie wie für es selbst. Diese Befangenheit verkehrt das Gebot, das vom Augenblick der Empfängnis an in unser aller Herzen geschrieben ist, in sein Gegenteil – das Gebot, zu voll verantwortlichen Menschen zu werden. Wenn dieses Gebot durch die Forderung verschleiert wird, diejenigen, die uns erziehen, um jeden Preis zu lieben, ohne ihnen jemals den Gehorsam zu verweigern und ohne das eigene Werden verantwortlich zu übernehmen, dann führt es, in der besten Absicht, nur allzuoft an die Pforten der Hölle.

Dieses Buch ermöglicht die Einsicht in das Wie und Warum der Tatsache, daß Eltern ihre Kinder nicht über den Punkt hinaus führen können, bis zu dem sie selbst gelangt sind. Es lehrt uns auch verstehen, warum liebevolle, verängstigte oder kindlich gebliebene Eltern ihre Kinder dazu zwingen, ihrer Lebenskraft vermittels aller möglichen aussichtslosen Manöver Ausdruck zu verschaffen, was für sie selbst wie auch für ihre Kinder Leid bedeutet: Sie alle sind in unterschiedlichem Grade in der Liebe zwischen Eltern und Kindern oder Kindern und Eltern befangen, einer Liebe, die auf beiden Seiten mit kindlichen Inzestwünschen vermischt ist.

Für Kinder im Alter zwischen sechs und 14 sollten die Autorin und ihr Verleger an eine Veröffentlichung in Form von Comic-Strips denken; denn gerade in jener Periode, die für die Erziehung der Eltern so besonders wichtig ist, sind Comic-Strips aussagekräftiger als das Lesen. Ich sage das wegen der leseschwachen Kinder, die heutzutage so zahlreich sind, und auch weil viele Kinder einen Widerwillen dagegen empfinden, kleine Buchstaben zu entziffern. Schwierige Eltern haben ihnen die visuelle Wahrnehmung und den auditiven Sinn der Phoneme, der sich im Lesen enthüllt, vergällt. In der Tat ist bei manchen Kindern nicht nur die visuelle Wahrnehmung, die mit der auditiven Wahrnehmung verschränkt ist, durch die frühe Erziehung in Unordnung gebracht worden. Auch viele andere richtige Wahrnehmungen der Kinder werden von Eltern in Unordnung gebracht oder verleugnet, die, ohne etwas Schlechtes dabei zu denken, mit ihren Lügen alles verwirren (vgl. S. 31). Allzuoft werden die den Wahrnehmungen entsprechenden Wörter mit voller Absicht von ihnen verschwiegen, und viele Verben werden unfreiwillig falsch konjugiert.

Das Verb *lire* (= lesen) macht, zumal mit seinem Infinitiv, viel zuviel Nachdenken ... Wohlverstanden, ich schreibe das für die Franzosen. Denken wir einmal nach! Im Präsens – *je lis, tu lis, il* oder *elle lit* – gibt es dieses Phonem »li«, das auch zum Befehl wird, während es doch gleichzeitig etwas Verbotenes ausdrückt – nämlich dann, wenn man schwierige Eltern hat, die ganz darauf versessen sind, ihre Jungen und

Mädchen während der gesamten Kindheit vor jeder Neugier in bezug auf jene fleischlichen sexuellen Spiele zu behüten, die das Phonem »li« stillschweigend einbezieht, wenn es, mit t geschrieben, das eheliche Bett bedeutet (*lit* = Bett).

Worte wie *ich, deine Mutter, dein Vater, wir, alle beide zusammen, deine Eltern* hören die Kinder heutzutage selten. Papa und Mama sprechen von sich selbst in der dritten Person, als ob sie ältere Geschwister wären, Bruder oder Schwester, nicht aber Mann und Frau, die einander lieben und die das Leben ihrer Kinder verursacht haben, Erwachsene, die ihr gegenseitiges Begehren akzeptieren, auch auf die Gefahr hin, ihren geliebten Kindern Schmerz zuzufügen. »Geh und sag es dem Papa«, »Mama hat gesagt« heißt es, und wenn sie von sich als einem Paar sprechen, dann macht »man« dies oder jenes. Sie haben es nötig, zu dieser unpersönlichen Singularform ihre Zuflucht zu nehmen – nie bedienen sie sich des »Wir«, mit dem sich zwei voneinander unterschiedene, ihrer Sexualität bewußte Persönlichkeiten ausdrücken würden – als ob die Tatsache ihres Elternseins sie zu einem gestaltlosen Konglomerat mit einem austauschbaren Mutter- oder Vaterkopf gemacht hätte, dessen Autorität auf ihrer zu einem Block verschmolzenen Zwillingshaftigkeit beruht; wobei sie sich einen fremden und unbekannten Gefährten zum Verbündeten ihrer Nichtverantwortlichkeit gemacht haben. Gewiß, es ist nicht erstaunlich, daß für Kinder im Alter von sechs bis 14 Jahren die Eltern »Zwillinge« bleiben, die sie während ihrer gesamten frühen Kindheit in ihrer jeweiligen Persönlichkeit als einzigartige und voneinander verschiedene Wesen verkannt haben. Von seinen gleichartigen Eltern spricht man – vor allem zwischen zehn und 14 Jahren – gegenüber seinen Kameraden von »denen«; sie sind diejenigen, die niemals wollen, daß dieses Kind (glückliches oder unglückliches Opfer) gemäß seinem Willen handelt, so, wie es seine Lebenskraft ihm eingibt. Vielmehr soll das Kind sich schuldig fühlen, wenn es so handelt, während es doch gerade seine Aufgabe ist, sein Risiko einzugehen und dadurch seinen Eltern zu helfen, daß sie akzeptieren können: Dies ist nicht länger unser Kind, sondern ein Mensch mit einem eigenen Bürgerrecht, der in allem, was ihn selbst betrifft, in allen Lebensentscheidungen und Risiken, soweit wie nur irgend möglich die gleiche Verantwortung trägt wie wir.

Aber zurück zu diesen Lesehemmungen, Hemmungen eines intelligenten und personalisierten Lesens. In der Sprachwelt vieler Eltern, die natürlich sowohl im Verhalten als auch in Worten zum Ausdruck kommt, bleiben die Kinder unpersönliche, ihres Geschlechts unbewußte Wesen, das sie in den Augen der Eltern ohnehin mit Pipi und Popo verwechseln. (Niemand soll glauben, es helfe weiter, wenn man den Kindern erlaubt, die Eltern mit dem Vornamen anzureden. Dies ist eine Falle, welche die Altersunterschiede verwischt und beim vorpubertären Kind die in der Familie stets gegenwärtigen Inzestwünsche steigert und die Familiensituation dadurch noch kompliziert.) Können Kinder das Lesen erlernen wie ein mechanischer oder, um es modern zu sagen, ein elektronischer Rechner? Sicherlich, manchen gelingt es, denn der Satz »Lily hat Papas Pfeife gesehen« erscheint nicht gefährlich, und so rückt das Lesen, wie übrigens auch das Schreiben, vorsichtig in Abstand zu jedem persönlichen Ausdruck eines empfundenen und verwirklichten Wunsches.

Es muß auch gesagt werden, daß heutzutage sehr viele Kinder in Krippen aufgezogen werden, weil die Mütter arbeiten und auch weil es gut ist, daß die Babys die Erfahrung der Gemeinschaft machen. Die Erzieherinnen in den Krippen müssen aber leider samt und sonders »Tante« gerufen werden, ganz egal, welchen Geruch oder welche Stimme sie haben oder wie sie aussehen. Dies macht es dem Kind gewiß nicht leichter, sich seiner persönlichen Existenz und derjenigen seiner Altersgenossen bewußt zu werden.

Deshalb kennen und erleben die Kinder sich selbst, ob sie nun einzeln von der Mutter oder in einer Kinderkrippe aufgezogen worden sind, wenn sie in die Schule kommen, nur als »mein Spätzchen«, »mein Täubchen«, »mein Mäuschen«, »mein Schätzchen«, »mein Süßholzstengelchen«; oder sie sind an »Sei still!«, »Iß!«, »Geh schlafen!« gewöhnt, und das von seiten eines Papas und einer Mama, die sich nur allzuoft hinter einem unpersönlichen »man« verschanzen.

Heutzutage wissen alle Psychos und alle Pädas, daß es die Aufgabe eines jungen, seiner Bürgerrechte bewußten Schülers ist, seine Lehrer zu einer auf den einzelnen abgestimmten Pädagogik anzustiften, und daß es ungezählte gelehrte Methoden des Lesenlernens gibt, mit denen sich der Widerstand beseitigen läßt, den diese Kinder dem Entziffern von Buchstaben entgegensetzen. So betrachtet, ist es schon überraschend, daß Kinder, die zum Objekt von Benennungen aus Botanik und Zoologie geworden sind, wenn nicht gar zu einer rein funktionellen Angelegenheit in der Familie, das Lesen in der Schule überhaupt lernen. Und dieses Wort *lire* (= lesen), dieser strikte Befehl *lis ça* (= lies!): sind sie nicht ungebührlich für das Kind? Es begreift den Befehl als Aufgabe, die ihm obliegt, während es sich auf das Ehebett der Eltern bezieht, mit dem es das Lesen, wenn es ihm überhaupt gelingt, zu identifizieren scheint. (Mit dem Bett oder auch mit den Eltern?) Das Ehebett, dieser heftig begehrte Ort, wo sich auf rätselhafte und geheimnisvolle Weise kleine, herumirrende Samenzellen begegnet sind, um dieses Kind zu »machen«, das jetzt Schüler einer *maîtresse* (= Lehrerin) geworden ist. Dieses Wort *maîtresse,* welches das unpersönliche Paar zu persönlichen Feinden macht – warum wohl? –, wenn Papa und Mama sich vor den Kindern verstecken und von Papas »Mätresse« reden. Das Kind lauert auf das, was sich hinter den von Mama und Papa verschlossenen Türen abspielt, auf dem Bett, das dieses Schulkind »gemacht« hat. Dieses Schulkind, das nun in der Vorbereitungsklasse ist (Vorbereitung worauf?) und das in seinen eigenen Augen und auch nach Aussage seiner Eltern ganz allein dafür verantwortlich ist, daß aus einem Mann und einer Frau Papa und Mama (oder Vater und Mutter, wenn man so will) geworden sind.

Diese unschuldigen Eltern stellen sich vor, dieses hartnäckige Subjekt zu besitzen (oder auch nicht), das dennoch ganz allein beschlossen hat – und zwar mit dem Einverständnis seines Vaters und der freiwilligen oder unfreiwilligen Duldung seiner Mutter – zu leben und im mütterlichen Körper Tag und Nacht zu überleben, es koste, was es wolle. Da sitzt es nun in der Schule, um lesen und schreiben zu lernen, und das ist seine Pflicht. Fügen wir hinzu, daß das kleine Wort *lit* (= Bett), wenn es sich um sein eigenes handelt, nur eine zurückliegende Erinnerung ist. Damals, als das Kind noch ein Baby war, war das ein Käfig mit Stäben, an denen es sich nachts stieß; dann schrie es und weckte die Eltern, die es der Nachbarn wegen ausschimpften. Wenn dieser Bettkäfig dann schließlich und endlich durch eine Matratze ersetzt worden ist, ist daraus der einsame Ort geworden, der nur dem Schlafen zu dienen hat und wo man alles andere sofort vergessen soll, wie Papa und Mama immer gesagt haben. Welch schlechte Gewohnheiten hätte man andernfalls im Bett annehmen und sich daran gar nach dem Erwachen noch erfreuen können?

Wie es um alle diese Gründe auch bestellt sein mag, die die Psychoanalytiker aufdecken – sie alle bewirken, daß es im Alter zwischen sechs und 14 Jahren sehr schwierig ist, das Lesen zu seinem eigenen (verbotenen) Vergnügen zu erlernen, und reichlich trocken wirkt jedes Buch, das nur mit kleinen Buchstaben gefüllt ist, die man entziffern soll. Viele der Sechs- bis 14jährigen werden deshalb dieses Handbuch nicht lesen, obwohl es gerade ihnen gewidmet ist: zu ihrer Freude und ihrem Wohl, und vor allem zum Wohl ihrer

Eltern. Deshalb habe ich den Wunsch, daß Jeanne Van den Brouck und ihr Verleger allen Ernstes eine Comic-Strip-Ausgabe in Betracht ziehen. Ohne eine solche Ausgabe läuft die Bevölkerungsschicht, die am meisten daraus zu lernen hätte, Gefahr, nicht rechtzeitig Nutzen daraus ziehen zu können. Die schwierigen Eltern, zumal die schüchternen, werden es nämlich ihren Feten und Kleinkindern nicht nur nicht vorlesen, sondern erliegen möglicherweise sogar der Versuchung, es vor denen zu verbergen, die trotz allem lesen gelernt haben und sich gerne daraus informieren möchten. Wenn es jedoch ein Bilderbuch ist, mit Sprechblasen, großen Druckbuchstaben und anziehenden Farben, dann wird »man« es mit geschlossenen Augen für das Kind kaufen, um es gelegentlich vor dem Einschlafen oder auch nach dem Aufwachen in seinem Bett zu beschäftigen, während Vater und Mutter in ihrem Bett ihren Frieden haben. Das hoffen wir wenigstens.

Wenn also dieses Buch bei den Sechs- bis 14jährigen seine Früchte trägt, dann wird die Gesellschaft sich verändern, wie sie es günstigenfalls sonst nur unter dem Druck der Jugendlichen tut, die leider nur allzuoft vergebens protestieren, ohne bis jetzt viel weiter gekommen zu sein. Dieses Mal allerdings wird ihr Protest zwar sachte, aber wirksam sein, denn die Jugendlichen, die dieses Buch gelesen haben, werden rechtzeitig gelernt haben, ihre lieben leiblichen Eltern zu erziehen. Und warum sollten sie nicht durch Ansteckung auch die anderen Großen (an Gestalt Großen) erziehen, die allesamt Elternersatzfiguren sind, Eltern nach Herz und Geist. Gelingt es ihnen nicht, sie zu erziehen, dann werden ihnen diese Personen zumindest weniger fremd sein – diese Personen mit ihren vornehmen Gesichtern, wie von Riesenkindern, die es beizeiten rücksichtsvoll und ohne unnütze Vorwürfe zu behandeln gilt. Denn man muß sich schon darüber im klaren sein, daß es unter den augenscheinlich großen Personen solche gibt, die zweifellos unerziehbar sind. Hingegen behaupte ich, daß es unter den kleinen Kindern sehr wenig unerziehbare gibt, und es werden noch weniger sein, wenn ihnen diese Botschaft erst zugänglich gemacht worden ist. Aber dafür braucht man, wie gesagt, eine Comic-Strip-Ausgabe, und man müßte, um diese Botschaft in Bilder umzusetzen, ein künstlerisches Kind zwischen zehn und 70 finden.

Wenn ich von dem Erscheinen dieses Buches und seiner sachgerechten Aufnahme durch das Publikum aller Altersstufen so vieles für die Zukunft erwarte, dann deshalb, weil ich um die Intelligenz und die Großherzigkeit weiß, die in dem auf Wahrheit ausgerichteten Rhythmus eines jeden menschlichen Wesens mitschwingen, das berechtigt ist, sich als solches zu fühlen: als Mann oder Frau, in einer Entwicklung, die seit dem Mutterschoß niemals zum Stillstand gekommen ist, wie gut oder schlecht, dumm oder schlau, wie gesprächig oder stumm, wie verlassen oder mit ihrem Mann verbunden die Mutter auch gewesen sein mag.

In ihren Träumereien und Büchern verfangen die kleinen und die großen Kinder sich in Bildern von armen oder reichen Eltern (vgl. S. 50), die diese selbst ihnen eintrichtern und sie damit täuschen. Jede wahrhaftige Botschaft hingegen, die das Bewußtsein des Kindes für sein Recht auf eigenes Wissen und eigene Erfahrungen weckt, befreit es von seinen Schuldgefühlen darüber, daß es seinen Eltern eine Freude nicht bereitet oder ihnen einen Schmerz zugefügt hat, der es schuldig macht und die innere Bindung an sie aufrechterhält: das ist die Neurose, die seine Entwicklung behindert. Nun kann aber jedes menschliche Wesen im vollen Sinne des Wortes zum Erwachsenen werden, denn jeder, Junge oder Mädchen, hat die Macht, sich zu vervollkommnen, sofern es ihm gelingt, durch die schwierigen Erfahrungen seiner kleinen und großen Kindheit hindurch zur Liebe und zur Hoffnung zu gelangen.

Das authentische Verlangen, das zum sexuellen Leben

gehört, erhellt das Individuum vom Zeitpunkt der Empfängnis an mit einem unbewußten Wissen, das jeder reflektierten Kenntnis vorausgeht. Dieses angeborene Wissen fordert, daß man die Eltern, diese vergänglichen Modelle, hinter sich läßt; dann erst kann es das Wachstum eines Jungen oder eines Mädchens zur Reife hinführen. Diese Überholvorgänge sind oftmals schmerzhaft, wenn schwierige Eltern, seien sie schwach oder verführerisch, ihre vorübergehende Mittlerrolle verfälschen und dem Kind schon in jungen Jahren ein Schuldgefühl dafür eintrichtern, daß es gemäß seiner Entwicklung die Verantwortung für sich selbst frei übernimmt, indem es sich aus ihrer ungebührlich verlängerten Vormundschaft wegstiehlt.

Schon immer war es die Aufgabe sehr lebhafter Kinder, ihre Eltern zu erziehen, aber sie ist ihnen niemals erklärt worden. Diese Aufgabe verlangt Mut und geistige Gesundheit, und sie erfordert Selbstvertrauen und den Glauben, daß die Eltern fähig sein werden, die Entwicklung ihres Kindes zu ertragen. Dieses innere Gefühl wird bei uns allen in der Kindheit mehr oder weniger durch die Illusion verbogen (die man nun einmal nicht *nicht* haben kann), unsere Eltern bewahrten für uns das Wissen um unsere Wahrheit. Indessen muß jeder diese Wahrheit durch seine Erfahrungen ganz allein entdecken und dabei die gefährliche Freiheit mit allen ihren Risiken und ihrem unausweichlichen Leid akzeptieren: Das Schuldgefühl gegenüber den Eltern unserer Kindheit ist der in unser Herz getriebene Stachel, der selbst die Tapfersten auf ihrem Weg hemmt.

Die Autorin hat in diesem Buch schwierige Eltern aufgezählt, Beispiele gegeben und Geschichten erzählt (wie sie das nennt), und sicherlich wird es Leser geben, die sich aus Blindheit oder Gnade weigern, in diesem oder jenem Zug ihre eigenen Eltern wiederzuerkennen. Dies könnte seine Ursache auch darin haben, daß sie ihre Eltern ganz unwissentlich so gut erzogen haben, daß keinerlei Schwierigkeiten zwischen ihnen zurückgeblieben sind, jedenfalls nicht mehr Schwierigkeiten, als sie selbst mit ihren Kindern haben, die möglicherweise begabt, umgänglich und problemlos sind und sie von allen Sorgen befreit haben. Diese Leser werden bei der Lektüre nichtsdestoweniger großes Vergnügen empfinden, denn sie werden viele Leute aus ihrer Umgebung wiedererkennen. Wie, mißtrauisch gegenüber der Psychoanalyse sie auch gewesen sein mögen – auch sie werden sich für das Schema interessieren, das die Psychoanalyse anbietet, um zu verstehen, wie es kommt, daß wir Menschen, die wir mit der Fähigkeit zur Symbolbildung begabt sind – was uns zu Wesen macht, die zu Sprechakten fähig sind, immer und jenseits aller Wörter –, wie es kommt, daß wir Menschen aneinander leiden, indem wir einander schlecht oder gar nicht erziehen, zumal die Kinder nicht ihre Eltern. Unsere eingefleischte Unfähigkeit, ohne die Fürsorge der Mutter oder erwachsener Vormünder zu überleben, verführt uns dazu, bei Erziehung immer nur an etwas zu denken, was in der Richtung von den Eltern zum Kind verläuft.

Wie die Autorin zeigt, sind Harmonie oder Unordnung des Körpers, noch vor jeder sprachlichen Äußerung, ein wahrhaftiger Ausdruck von Gesundheit oder Krankheit. Wird dieser Ausdruck erkannt, so erweist es sich, daß er dem Schweigen, dem Nichts-Sagen oder dem Lügen der Eltern zu Hilfe kommt; denn das Kind versteht sie in ihrem Schweigen und in ihren Ängsten, und zwar längst bevor sie sich selbst verstehen – wenn ihnen das überhaupt gelingt, auch wenn sie noch so psychoanalytisch geschult sein mögen. Die schweigende Klarheit der Kleinen ist eine der Entdeckungen, die zu machen uns die Psychoanalyse ermöglicht hat. Die Erwachsenen erinnern sich ihrer Kindheit durch verbogene Erinnerungen hindurch, und sie erinnern sich mit ihrem Körper des Vermächtnisses der elterlichen Ängste.

In gewissen Fällen bringen die Symptome der Kinder das unerträgliche Leiden zum Ausdruck, welches daraus entsteht, daß sie über ein sie betreffendes Ereignis nicht aufgeklärt worden sind. Die Eltern lehnen es ab, mit ihnen darüber zu sprechen, und vermitteln ihrem Kind damit, ohne sich darüber im klaren zu sein, die Botschaft, daß sie gesonnen sind, es wie ein Haustier zu halten – ein Verhalten, das ohne sprachliche Verwirrung für ein menschliches Wesen nicht zu ertragen ist. In anderen Fällen bringen die Symptome der Kinder ein gegenwärtiges oder früheres Leiden der Eltern bzw. eines Elternteils zum Ausdruck, über das sie nicht nur nicht sprechen, sondern das sie vor dem Kind verbergen wollen oder sogar vergessen haben. Das Kind tritt in diese Welt der Wunderlichkeiten an jenem Tage ein, an dem das Erlebte infolge gewisser Umstände dem Erwachsenen wieder ins Gedächtnis gekommen oder im Traum wiederbegegnet ist; und doch hat er es sogleich wieder in das Verlies des Vergessens zurückgeworfen. Das Kleinstkind jedoch ist überaus empfindsam, ja, es entwickelt geradezu telepathische Fähigkeiten in bezug auf seine Umgebung, und es empfindet das flüchtige Unbehagen des Erwachsenen deshalb sehr lebhaft; dabei hilft ihm sicherlich auch das zarte Netz kommunizierender Gefäße, welches das ganz kleine Kind mit seinen Familienangehörigen verbindet.

Wenn sich unter den hier beschriebenen schwierigen Eltern zufällig Leser befinden, die weder ihre Eltern wiedererkennen noch sich selber (sofern sie schon Eltern sind), so werden sie zumindest darin mit mir übereinstimmen, daß jeder Vater und jede Mutter der allgemeinen Elternklasse angehört, von der dieses Handbuch nicht spricht: Ich meine jene schwierigen Eltern, die man nicht vergessen kann, ob sie noch leben oder schon dahingegangen sind – selbst dann nicht, wenn wir sie niemals gekannt haben. In unserem Phantasieleben durchdringen unsere

Eltern und auf sie bezogene Emotionen – selbst dann, wenn in der Wirklichkeit nichts anderes als unsere eigene Existenz die ihre bezeugt – immer, bewußt oder unbewußt, einen Teil unserer Gedanken. Sie glauben mir nicht?

War für Sie, mein Herr, die Küche Ihrer Mutter nicht die beste? Hat nicht im Namen Ihrer Mutter jedes kleine Gericht, das Ihre Frau oder Ihre Geliebte für Sie bereitet hat, so sehr diese sich auch um die Kochkunst bemühen mochte, ihr allenfalls ein zögerndes Kompliment einge-bracht: »Das ist gut, sogar sehr gut . . . aber es läßt sich doch kaum vergleichen mit dem, was meine Mutter machte!« Was für ein Glück, wenn das Verb im Imperfekt steht. Arme Schwiegertochter, wenn es im Präsens verwendet wird!

Sie, Madame, sind Ihrerseits Frau geworden, vielleicht sind Sie selbst verheiratet, und Sie haben möglicherweise ein paar Pläne zur Befreiung der Frau, sofern Sie nicht überhaupt Anhängerin eines kompletten Programms zur Frauenemanzipation sind. Sie fangen allmählich an, diese unvergeßliche Mutter, die in Ihren Gedanken »die Arme« geworden ist, zu verstehen. Vielleicht haben Sie sie in jungen Jahren für ziemlich dumm gehalten; aber hat sie Ihnen nicht gesagt, daß die Männer alle gleich sind? Ihre arme Mutter, sie hatte ganz recht!

Ich gebe Ihnen nur diese beiden Beispiele, und schon wissen Sie genau, daß wir alle unsere Eltern nur schwer vergessen können. Die Erinnerung an sie und ihr Denken haften an unserem Wesen, vor allem wenn wir uns über sie ausschweigen, während sie doch bei allen Gelegenheiten wiederkehren, bei denen wir Frauen – Opfer eines gelieb-ten Wesens oder von den Kindern, die zu leben verlangen, aber (lügnerisch wie sie nun einmal sind) uns gegenüber so tun, als ob gerade das Gegenteil der Fall wäre –, bei Gelegenheiten also, bei denen wir Frauen uns unserer Mutter erinnern: »Die Kinder sind undankbar und machen einem nur Sorgen«, sagte sie. An uns ist es jetzt, diese Worte in unserem Gedächtnis wiederzufinden und ihnen zuzustimmen. Und wenn Sie zum jetzigen Zeitpunkt noch nicht so denken, dann wird das schon noch kommen.

Dies ist so, weil man keinen Vater und keine Mutter je vergißt und weil sehr oft die Erinnerungen an sie – sei es aus Sehnsucht oder als Folge eines lange nachwirkenden Schmerzes – die Kraft in uns freisetzen, Schwierigkeiten gegenüberzutreten oder auch, uns den Freuden des Lebens hinzugeben; und es ist so, weil alle Menschen in allen Gesellschaften (Einigkeit macht stark) versuchen, sich dieser Erinnerungen zu entledigen oder sich vielmehr der Schuldgefühle zu erwehren, die damit verbunden sein können, daß man das tut.

Was unsere Eltern betrifft, so hat die Gesellschaft religiöse Feste erfunden, die heutzutage aus der Mode gekommen sind. Ich spreche von dem Fest unserer großen Schutzheiligen in den Dörfern und städtischen Pfarrgemeinden. Früher war es das Fest der Göttinnen und Götter, in welche die Menschen die Eltern ihrer frühen Kindheit in ihrer ganzen Allmacht hineinprojizierten. Ihr Verhalten war übrigens keineswegs moralisch. Später waren es die Feste der unbekannten Heiligen (denen meine heilige Mutter angehört) oder der bekannten, jener Heiligen also, deren Namen verstorbene Familienangehörige und Eltern getragen haben. Und schließlich Allerheiligen, das Fest der vergessenen und bekannten, der unbedeutenden oder auch hochstaplerischen Heiligen. Heute gibt es, reichlich kommerziell und weltlich, den Mutter- und den Vatertag, die unseren Kindern in der Schule aufgedrängt werden, ob sie schwierige Eltern haben oder nicht, ob diese noch am Leben sind oder nicht, ob sie zusammenleben oder geschieden oder den Kindern vielleicht unbekannt sind. Am genannten Tag, der jährlich wiederkehrt, sollen sie ihnen schmeicheln, sie offiziell feiern und beschenken. Dies alles in einem Alter, wo sie leider in Wirklichkeit oftmals mehr unter ihnen zu leiden haben als daß sie sich ihrer auch noch eigens erinnern müßten.

Der Mutter und dem Vater all das zu verzeihen, was sie uns antun oder auch nicht oder was zu tun sie uns veranlassen oder auch nicht – sagen Sie mir nicht, dies genüge, so versöhnlich diese Opfergaben auch sind. Es genügt nicht, weil ein jeder von uns an Erinnerungen leidet, die mit Gefühlen der Ohnmacht oder Schuld verbunden sind. Vielleicht ist das so wegen unseres großen Gehirns, das klangliche, taktile und motorische Eindrücke und Gerüche speichert, jenes großen Gehirns des verhinderten Affen, dessen Schädel uns schmückt und der nicht die Einsicht hatte, seine eigene Entwicklung aufzuhalten. Auch die größten Atheisten unter uns – stets schuldig, stets Opfer oder Peiniger in irgendeiner Angelegenheit, denn wir können gar nicht anders im Umgang mit denen, die wir am meisten lieben – rufen den Himmel an: »Was hab' ich nur getan, daß ich so viel durchmache!« Gewiß, sie sprechen von dem Himmel, an dem die Wolken ziehen, falls sie Atheisten sind und falls sich über ihnen nicht mehr das zornige Gesicht der großen Eltern abzeichnet, denen sie übel mitgespielt haben oder von denen ihnen einmal übel mitgespielt wurde, wenn sie ihnen, freilich nur um des Lebens willen, ungehorsam waren.

Unter den Schlauköpfen (zu denen ich mich zähle), die am Rande auch ein bißchen Mystiker und Zauberer sind, gibt es solche (ich habe dazu gehört, und es war tröstlich), die glauben, daß die Kinder – da die Erwachsenen ja glauben, den Himmel gewinnen zu müssen – den Auftrag haben, ihre Eltern durch die Feuerproben, die sie ihnen bereiten, anzuspornen und sie damit schneller voranzubringen in jenem weltlichen Verdienstorden, der ihre Bemühungen um Geld, Hygiene, Gesundheit und Haushalt würdigt, kurz ihr erzieherisches Verdienst in der Erwartung, daß sie dafür nach dem Tod in die Heiligengeschichte eingehen.

Um das Schuldgefühl der Kinder noch mehr zu zähmen, jener Kinder, die wir alle sind und die wir vor unseren Eltern (die wir nur schwer vergessen können) alle waren, gibt es schließlich für die glücklich und freiwillig in der elterlichen Ehegemeinschaft gefangenen Eltern jenes weltliche Familienfest des jährlichen Hochzeitstages, des zeitlichen Ursprungs ihrer gemeinsamen Vormundschaftsrechte gegenüber jenen, die sie bei ihren sexuellen Tollheiten hereingelegt haben. Sehr wenige groß gewordene Kinder würden es wagen, sich dem Hochzeitstag ihrer Eltern zu entziehen. Man erscheint im Sonntagsstaat, mit seinem schönsten Lächeln, mit einem kleinen Geschenk und einem Gewissen, das wenigstens einmal im Jahr nicht durch Forderungen aller Art befleckt ist. Dann gibt es noch die nach allen möglichen Materialien benannten Hochzeitstage: die Silberne, Goldene, Diamantene und Eiserne Hochzeit. Beweist nicht dies alles, daß es sehr schwierig, wenn nicht unmöglich ist, seine Eltern zu vergessen? Der Beweis dafür ist, daß angesichts des Todesschlafes den Sterbenden die Worte »Papa« und »Mama« auf die Lippen kommen. Damit nehmen wir unsere letzte Zuflucht zu den ersten Vermittlern der ersten Überraschung, die uns widerfahren ist: der Überraschung, in einem fremden, ungewohnten Raum die Augen zu öffnen, zu atmen und jene hilfreich über uns gebeugten Gesichter zu sehen. Die Erinnerung an sie kommt demjenigen auf die Lippen, dem die Überraschung bevorsteht, einzutreten in das Unbekannte des Todes.

Ja, Ihr Eltern, die wir Euch geliebt haben oder zu hassen glaubten: Ihr seid so sehr in unser Fleisch verwoben, daß wir unsere letzte Angst zum Ausdruck bringen, indem wir Euch nennen, wenn wir es verlassen. Verankert mit unserem ganzen Sein in der Erinnerung an Euch suchen wir als letzte Zuflucht eine Sicherheit, die uns entrinnt, eine Wegzehrung für die große Reise in das unsichtbare, unerhörte und unfaßbare Mysterium. *Françoise Dolto*

Die Autorin:

Hinter dem Pseudonym Van den Brouck verbirgt sich eine Pariser Psychoanalytikerin und Schülerin Sàndor Ferenczis, der zum engen Kreis um Sigmund Freud gehörte und einer der Begründer der psychoanalytischen Pädagogik war. Jeanne Van den Brouck hat in diesem Buch Fälle aus ihrer jahrzentelangen therapeutischen Praxis eingearbeitet.

Klett-Cotta
Die Originalausgabe erschien unter dem Titel
»Manuel à l'usage des enfants qui ont des parents difficiles«
© 1982 by Opéra Mundi, Paris
Für die deutsche Ausgabe
© J. G. Cotta'sche Buchhandlung Nachfolger GmbH, gegr. 1659,
Stuttgart 1981
Fotomechanische Wiedergabe
nur mit der Genehmigung des Verlags
Printed in Germany
Umschlag: Klett-Cotta-Design
Auf säure- und holzfreiem Werkdruckpapier gedruckt
und gebunden von Clausen & Bosse, Leck
Erste Auflage dieser Ausgabe, 1996

Die Deutsche Bibliothek – CIP-Einheitsaufnahme
Van den Brouck, Jeanne:
Handbuch für Kinder mit schwierigen Eltern / Jeanne Van den
Brouck. Mit einem Nachw. von Françoise Dolto. Aus dem Franz.
übers. von Rainer Redies. – 1. Aufl. dieser Ausg.
– Stuttgart : Klett-Cotta, 1996
(Kinder fordern uns heraus)
Einheitssacht.: Manuel à l'usage des enfants qui
ont des parents difficiles <dt.>
ISBN 3-608-91765-9

Kinder fordern uns heraus

Ratgeber für die Familie bei Klett-Cotta

Rudolf Dreikurs / Vicki Soltz:
Kinder fordern uns heraus
Wie erziehen wir sie zeitgemäß?
Aus dem Amerikanischen von Erik A. Blumenthal
375 Seiten, broschiert; ISBN 3-608-91763-2

Dieser Erziehungsklassiker ist ein kompetenter, demokratischer Ratgeber bei ganz konkreten Alltagsproblemen. Anhand von 34 Erziehungsprinzipien werden genervte Eltern und entnervte Lehrer dazu ermutigt, weniger direkten Einfluß auf Kinder und Jugendliche zu nehmen und ihnen mehr Autonomie zuzubilligen.

Hermann Giesecke:
Das Ende der Erziehung
Neue Chancen für Familie und Schule
159 Seiten, broschiert, ISBN 3-608-91766-7

Die These, wir sollten Kinder wie kleine, ständig größer werden-de Erwachsene behandeln, will feststellen, daß Kinder nicht die einzigen Menschen sind, die altersspezifische Bedürfnisse haben, auf die entsprechend Rücksicht zu nehmen ist. Nur wenn wir Kinder als selbstverständliche Zeitgenossen behandeln, ohne ihnen einen Ausnahmestatus einzuräumen, werden wir auch ihren spezifischen Bedürfnissen gerecht.

Gisela Schmeer:
Das sinnliche Kind
142 Seiten, broschiert, ISBN 3-608-91201-0

»Da wird nicht doziert, da werden wir verständnisvoll und humorvoll an vieles erinnert, das wir vergessen oder verdrängt haben. Herzlich und menschlich werden wir zurückgeführt zu den Düften, Lauten, Farben, Bildern und Empfindungen, dem ganzen Aroma unserer Kindheit.«
Kinder

Klett-Cotta

Kinder fordern uns heraus
Ratgeber für die Familie bei Klett-Cotta

Ann Dally:
Die Macht unserer Mütter
Warum sie unser Leben prägen
Aus dem Englischen von Irmela Köstlin
288 Seiten, broschiert, ISBN 3-608-91817-5

Wer sich selbst verstehen will, muß zuerst seine Mutter verstehen: und wer die Kinder verstehen will, muß zuerst die Mutter dieser Kinder verstehen. In diesem Buch werden verschiedene Muttertypen beschrieben, ihre Verhaltensweisen und ihr ungeheurer Einfluß, der sich noch auswirkt, wenn die Kinder längst erwachsen sind.

Françoise Dolto:
Scheidung. Wie ein Kind sie erlebt
Aus dem Französischen von Sabine Mehl
152 Seiten, broschiert, ISBN 3-608-91761-6

Françoise Dolto gibt wertvolle praktische Hinweise, wie Eltern, die sich zur Scheidung entschlossen haben, unnötige Probleme vermeiden und sich und ihren Kindern einen konstruktiven Neuanfang ermöglichen können.

»...Ein psychologischer Ratgeber, der gelungen ist wie selten.«
Süddeutsche Zeitung

Klett-Cotta